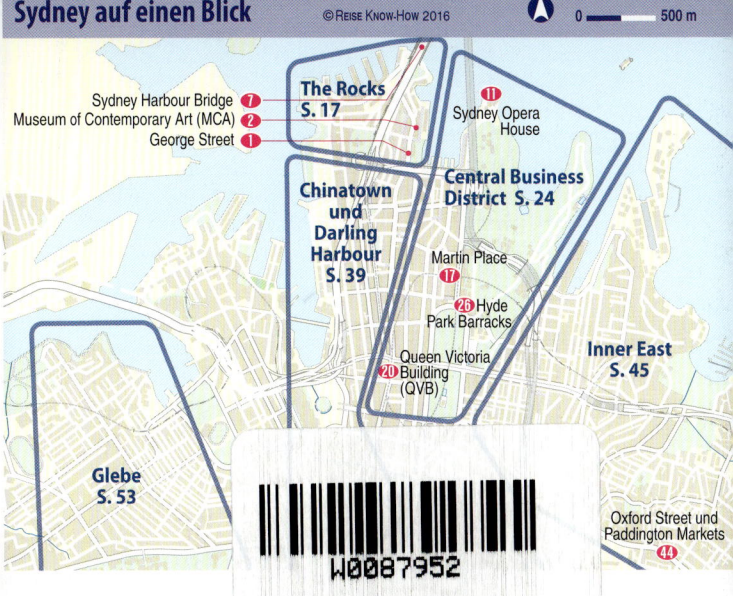

Sydney auf einen Blick © REISE KNOW-HOW 2016   0 ▬▬ 500 m

Sydney Harbour Bridge **7**
Museum of Contemporary Art (MCA) **2**
George Street **1**

The Rocks S. 17

11 Sydney Opera House

Chinatown und Darling Harbour S. 39

Central Business District S. 24

Martin Place **17**

26 Hyde Park Barracks

20 Queen Victoria Building (QVB)

Inner East S. 45

Glebe S. 53

W0087952

Oxford Street und Paddington Markets **44**

7 Sydney entdecken

◁ *Abenteuer mit Aussicht: Bridge Climb auf der Sydney Harbour Bridge* **7**
(Foto: 118sy Abb.: Tourism Australia©Geoff Jones)

4 Inhalt

Zeichenerklärung

★★★ nicht verpassen
★★ besonders sehenswert
★ wichtig für speziell
interessierte Besucher

[A1] Planquadrat im Kartenmaterial. Orte ohne diese Angabe liegen außerhalb unserer Karten. Ihre Lage kann aber wie von allen Ortsmarken mithilfe der begleitenden Web-App angezeigt werden (s. S. 144).

Vorwahlen

❯ für Australien: 0061
❯ für Sydney: 02

Sydney erfindet sich ständig neu. Überall wird mit Blick auf eine nachhaltige Entwicklung saniert und modernisiert; ganze Stadtteile werden neu erfunden! Seit Mitte der 1990er-Jahre werden leerstehende Industriegebäude in der City und an der Küstenlinie zu attraktiven Büro- und Wohnflächen umgemodelt. Neue Trendviertel mit einer lebhaften kreativen Kutur enstehen und werden von Einheimischen und Touristen gleichermaßen entdeckt. Es ist aufregend, die Verwandlung dieser neuen Areale mitzuerleben!

Neuer Glanz auf Brauerei-Areal

Kensington Street und Central Park Sydney wollen das neuste Trendviertel der Stadt werden. Beim BEAMS Arts Festival verwandeln sich die umliegenden Gassen in eine Open-Air-Bühne für Lichtkreationen, Theater und Livemusik (s. S. 90).

Glanzvolles Pubhotel

Orginaler Backstein, glasierte Wandfliesen und der Blick aufs Barangaroo Reserve rechtfertigen einen Besuch des Hotel Palisade (s. S. 20).

Architektonische Perle

Bei Frank Gehrys „Paper Bag" („Papiertüte") handelt es sich nicht um Museum, sondern um ein im Februar 2015 eröffnetes Universitätsgebäude der UTS, das sowohl von außen als auch von innen mit seiner Architektur begeistert (s. S. 40).

Barangaroo Reserve

In Barangaroo balanciert man auf Sandsteinquadern, taucht in einen Austellungsbunker ein und genießt die Aussicht aufs Wasser (s. S. 21).

004sy Abb.: eg

SYDNEY ENTDECKEN

Sydney für Citybummler

Moderne architektonische Meisterwerke, renovierte Altbauten aus der Zeit, als Sydney Strafgefangenenkolonie war, eine quirlige Gastronomieszene, perfekte Gegebenheiten für einen Strand- oder Segelurlaub und sechs beliebte Strände der LGBT-Szene sowie mehrere Stadtteile, die im Zeichen des Regenbogens stehen, erste Adresse für australische Modelabels und ganz allgemein einer der besten Orte für Musikliebhaber und Nachtschwärmer: Sydney ist die australische Metropole schlechthin.

Die innerstädtischen Sehenswürdigkeiten in Sydney lassen sich leicht zu Fuß erkunden (ein Vorschlag für einen Spaziergang findet sich auf Seite 13). Wer das Laufpensum reduzieren möchte, sollte Bus- und Fährverbindungen nutzen, bei denen man auch unterwegs die Aussicht genießen kann.

Wer die Stadt am liebsten zu Fuß erkundet und ein Faible für das **historische Sydney** hat, sollte sich im Stadtteil **The Rocks** (s. S. 17) etwas genauer umschauen. Seine Lage am Hafen ist allein schon charmant und hier bekommt man das **Opernhaus** ⓫, die **Skyline**, das Fährterminal **Circular Quay** ❽ und die **Sydney Harbour Bridge** ❼ auf einen Schlag zu sehen. Touristen kommen oft nicht weiter als bis zur George St und zu den Lagerhäusern am Campbell's Cove ❻, aber ein Bummel in den

Straßen von **Millers Point** lohnt sich, schon allein wegen eines Besuchs der ältesten Pubs der Stadt wie dem **Lord Nelson Brewery Hotel** (s. S. 74) und dem **Hero of Waterloo** (s. S. 74). Man sollte auf keinen Fall einen Besuch im **Museum of Contemporary Art** ❷ auslassen. Besonders in Sachen Kunst der Aborigines wird einem hier so manches nähergebracht.

Liebhaber des Großstadtgefühls mit einem Faible für moderne Wolkenkratzer, schnelles Citytempo und Interesse an historischen Prachtbauten kommen im **Central Business District (CBD)** zwischen Circular Quay ❽ und Hyde Park ㉒ auf ihre Kosten. Hier arbeitet der Hauptteil der Bevölkerung, hier geht man einkaufen, hier isst man sein Mittagessen. Freitagabends ziehen die Angestellten nach Feierabend in die unzähligen Bars und Pubs, um das Wochenende einzuläuten.

Abseits der Highlights entlang der **Macquarie St** [F3/4] sollte man einen Stopp am **Martin Place** ⓱ und natürlich rund um die Shoppingmeile **Pitt Street Mall** ⓲ einlegen, wo man Prachtbauten aus der Blütezeit der Kolonie vorfindet.

Darling Harbour [D3] ist neben The Rocks und Circular Quay zweifellos eine der beliebtesten Flaniermeilen mit Hotels, Restaurants und Nachtklubs, den nahe gelegenen Museen sowie den faszinierenden Tierwelten im **Sea Life Aquarium Sydney** ㉟ oder im **Wild Life Zoo** ㊱. Sucht man dann inmitten des fröhlichen Gewirrs nach einer ruhigeren Oase, ist man im **Chinese Garden of Friendship** ㉛, einem chinesischen Garten mit Teehaus am Rande von **Chinatown** ㉚, an der richtigen Adresse.

◁ *Vorseite: Imposanter Blick über die Blackwattle Bay*

101sy Abb.: jn

Stürzt man sich gern ins Nightlife, sind die nahen Vororte wie **Kings Cross** ❸❾, **Potts Point** [H4] und **Darlinghurst** [G5] nach wie vor beliebt. Diese kann man je nach Lage seines Hotels auch von der Stadt aus schnell zu Fuß erreichen, ansonsten per Bus. Kings Cross ist bekannt für seine Nachtklubs, die vielen Backpacker Hostels und die Überreste der Rotlichtszene. Hier und in den angrenzenden Vororten Potts Point und Darlinghurst findet man vor allem entlang der Victoria St ❹⓿ und der Darlinghurst Rd [G5] jede Menge Cafés, Bars und Restaurants für unterschiedliche Budgets.

Die **Gay-Szene** ist entlang der Oxford St ❹❹ in Darlinghurst zu Hause und zwar, ohne sich zu verstecken. Hier wird alljährlich einer der größten Straßenumzüge zum Thema „Gay Pride" veranstaltet – der **Sydney Gay and Lesbian Mardi Gras** (s. S. 51). Es ist daher kaum verwunderlich, dass es rund um die Oxford St jede Menge Nachtklubs für Nachteulen der LGBT-Community gibt. Auch sind hier reichlich Restaurants, Cafés und Bars angesiedelt. Die „besseren" Adressen zum Essen und Trinken findet man im angrenzenden Surry Hills, z. B. entlang der Crown St [F5/6].

Steht einem der Sinn mehr nach studentischem Flair, ist man auf der Glebe Point Road ❹❽ in **Glebe** (s. S. 53) an der richtigen Adresse, ein charmanter Vorort zwischen der ältesten Universität Australiens, der Sydney University, und der beschaulichen Blackwattle Bay. Passionierte Stadtbummler können auch diesen Vorort leicht zu Fuß erreichen (ansonsten per Bus). Die historischen Gebäude in Glebe sind vielleicht we-

⌂ Der Wulugul Walk für Fußgänger und Fahrradfahrer zwischen Barangaroo Reserve ❺ und Barangaroo South

Sydney mit dem Doppeldeckerbus entdecken

Manchmal ist man z. B. durch den Jetlag zu müde, um die Sehenswürdigkeiten der Stadt auf eigene Faust abzuklappern. Eine willkommene Hilfe bietet der **Doppeldeckerbus von CitySightseeing**, der entlang zweier Routen die wichtigsten Sehenswürdigkeiten der Stadt abfährt. Der **Sydney Explorer** hält an 25 Haltestellen (u. a. The Rocks, Sydney Opera House, Kings Cross, Darling Harbour, Chinatown). Der **Bondi & Bays Explorer** tourt mit 10 Halte-stellen durch die Küstenvororte zwischen Bondi Beach und der City. Die Fahrkarten für beide Busse gelten 24/48 Stunden (21/31,50 $). Man kann damit an den Haltestellen entlang der Route beliebig oft ein- und aussteigen. Selbst wenn man gar nicht aussteigt, genießt man von der obersten Open-air-Etage des Busses eine fantastische Aussicht und bekommt einen guten ersten Überblick über Sydney.

❯ www.city-sightseeing.com

nig spektakulär, aber ein Bummel in dem hippen, stadtnahen Vorort lohnt sich allemal. Hier gibt es eine interessante Ansammlung von unabhängigen **Buchläden** und Glebe glänzt jeden Samstag mit der locker-fröhlichen Atmosphäre auf den **Glebe Markets** (s. S. 86). Auch am Abend hat die Uni-Gegend einiges zu bieten: Entlang der Glebe Point Road und in den Seitenstraßen gibt es noch urige, traditionelle **Eckkneipen**, in denen Rockbands auftreten oder Quizabende veranstaltet werden. In der frisch sanierten Kensington Street am Rande des neuen **Central Park** ㉙ entsteht hingegen eine neue, hippe Café-, Restaurant- und Barszene, die die Studenten der beiden angrenzenden Universitäten ebenso anlockt wie Bewunderer des Anfang 2015 neu eröffneten **UTS-Gebäudes** (s. S. 40) des Stararchitekten Frank Gehry.

Ebenso empfehlenswert sind die **Paddington Markets** ㊹ in **Paddington**. Das schicke Stadtviertel wird von Boutiquen **australischer Modedesigner** und von **Kunstgalerien** geprägt. Entsprechend findet man auf dem wöchentlichen Samstagsmarkt Bekleidungskreationen, Modeaccessoirs, Kunsthandwerk und Kunst von noch wenig bekannten Designern und Künstlern.

In Sydneys Strandvororten **Bondi Beach** ㊿ und **Manly** (s. S. 61) steht die natürliche Schönheit des Strandes, der Klippen, der **Meeresfreibäder** (s. S. 56) und des *Bushland* im Vordergrund. Es dreht sich alles um Strandleben und Surferszene. Der Naturfreund kommt auf den Wanderpfaden entlang der Küste auf seine Kosten. Überhaupt ist ein Strandbesuch in Sydney ein Muss! Auch wenn man keine Ambitionen hat, sich beim Wellenreiten zu versuchen, so ist es doch eine wahre Wonne, den Surfern vor Ort bei ihrem Ritt zuzuschauen.

▷ *Sydneys Opernhaus* ⓫
von North Sydney aus betrachtet

Ein Kurztrip nach Sydney

Für nur ein, zwei oder drei Tage in Sydney nimmt man vermutlich kaum den langen Flug von Europa nach Australien auf sich, aber dennoch kann man in diesem Zeitraum die Essenz der Stadt hautnah erleben.

Die folgenden Sightseeingtipps vermitteln dem Besucher das relaxte Gefühl der australischen Beachkultur und bieten einen kontrastreichen Streifzug durch Downtown Sydney. Man erhält tiefe Einblicke in eine spannende Stadt mit historischem Erbe, die sich Dank ihrer ambitionierten Sanierungsprojekte wie zu Beginn der Jahrtausendwende in Darling Harbour (s. S. 39) und aktuell in Barangaroo South (s. S. 100) immer wieder neu erfindet.

Die Küstenlinie am Sydney Harbour, die jahrhundertelang der Industrie, der Verteidigung und dem Handel diente, wird zurzeit in attraktive Wohn- und Freizeitflächen verwandelt. Durch die natürliche Schönheit des Hafens empfiehlt sich die Gegend auch jedem Besucher für einen Spaziergang.

Erster Tag

Vormittags: Historischer Hafen und Opernhaus

Das Fährterminal **Circular Quay** ❽ ist der ideale Ausgangspunkt für einen Bummel zu dem Wahrzeichen von Sydney schlechthin: der **Hafenbucht** der Stadt mit dem architektonischen Wunderwerk **Sydney Opera House** ⓫, den **Royal Botanical Gardens** ⓬ und der geschwungenen **Sydney Harbour Bridge** ❼.

An der Brückenseite des Circular Quay lohnt sich eine Erkundung der schmalen Gassen von **The Rocks**, Sydneys Altstadt, dem Ort, an dem die einstige Strafgefangenenkolonie gegründet wurde. Hier kann man z. B. einem Teil des auf Seite 13 beschriebenen Stadtspaziergangs folgen.

008sy Abb.: eg

Alternativ kann man zum Beispiel mit dem Taxi nach **Bondi Beach** ㊿ fahren, einem der wohl berühmtesten Strände Australiens mit einem der schönsten Meeresfreibäder, in dem der wohl traditionsreichste Rettungsschwimmerklub Australiens untergebracht ist: die Bondi Icebergs (s. S. 57).

Natur- und Wanderfreunden wird es beim Anblick des populären Klippenpfads (s. S. 58) entlang der Küste mit Sicherheit gleich warm ums Herz. Mit dem Taxi ist man schnell wieder in Sydney oder zurück in Bondi Beach. (Mit dem Bus ist die Fahrt recht umständlich.)

Zweiter Tag: Shopping und historisch interessante Glanzbauten

Vormittags

Egal ob man shoppen möchte oder ob man an den historischen Glanzbauten Sydneys interessiert ist, in beiden Fällen sollte man das Areal zwischen Martin Place, Pitt Street Mall und Hyde Park erkunden. Mitten im Getümmel des **Central Business District** (s. S. 24) befinden sich nicht nur die meisten Bürogebäude und Bankniederlassungen, sondern auch viele **Einkaufsstraßen** und alteingesessene Museen.

Die **Pitt Street Mall** ⑱ wird vom 309 m hohen **Sydney Tower Eye** ⑲ überragt. In den oberen Etagen des schmucken viktorianischen **The Strand Arcade** (s. S. 83) kann man die Boutiquen vieler namhafter australischer Modedesigner aufsuchen. Nicht verpassen sollte man die **Hyde Park Barracks** ㉖ am Rande des **Hyde Park** ㉒, wo Anfang des 19. Jahrhunderts die Strafgefangenen untergebracht wurden.

Nachmittags: Küstenspaziergang

Am einfachsten ist es, mit einer der Fähren vom Circular Quay nach **Manly** zu fahren. Mit ein wenig Glück bekommt man auf der halbstündigen Fahrt je nach Saison Delfine oder auch mal einen Wal zu sehen. In Manly bietet sich ein Spaziergang an. In einem der Restaurants oder Cafés kann man zu Abend essen, bevor man mit der Fähre bei Sonnenuntergang nach Sydney zurückfährt.

Nachmittags: Uni-Gegend, Chinatown und Darling Harbour

Mit der U-Bahn ist man schnell an der **Central Station** 28 und damit nur noch einen Katzensprung von zwei Universitäten Sydneys entfernt: der **Sydney University** 47 mit ihrer hübschen neugotischen Architektur und der **University of Technology Sydney** am Rande von Chinatown, deren bislang unscheinbare Gebäude Anfang 2015 mit der Neueröffnung des Dr-Chau-Chak-Wing-Gebäudes des berühmten kanadisch-amerikanischen Stararchitekten **Frank Gehry** aufgewertet wurden (s. S. 40).

Hinter dem Hauptbahnhof in Richtung der Sydney University und Glebe ist mit dem **One Central Park** (s. S. 39) im selben Jahr noch ein ganz anderes revolutionäres, architektonisches Wunderwerk eröffnet worden: nachhaltig und pflanzenübersät. Flankiert wird es von der frisch sanierten **Kensington Street,** einer neuen hippen Café- und Bargegend.

Mehr Uni-Flair findet man entlang der **Glebe Point Road** 48, wo man noch einige nette traditionelle Eckkneipen mit Livemusik finden kann. Wer das Herumstöbern auf Märkten liebt, für den ist an einem Samstag der Besuch der **Glebe Markets** (s. S. 86) ein Muss. Den Abend kann man je nach Geschmack in Glebe, im nahegelegenen **Chinatown** 30 oder in den pittoresk am Wasser gelegenen Restaurants oder Klubs der **King Street Wharf** (s. S. 42) oder der **Cockle Bay Wharf** 33 in Darling Harbour ausklingen lassen. Letztere

erreicht man man einfachsten über die **Goods Line,** einen Fußgängerweg von der Central Station nach Darling Harbour. Insbesondere wenn man mit Kindern reist, kann man den Nachmittag auch umgekehrt angehen und erst Darling Harbour besuchen, wo man einen Besuch im **Aquarium** 35, **Wildlife Zoo** 36 oder **Marinemuseum** 37 einplanen sollte.

Stadtspaziergang

Frisch und munter geht es direkt nach dem Hotelfrühstück zum Altstadtviertel **The Rocks** (s. S. 17). Hier liegen die Wurzeln Australiens, denn hier wurde 1788 die erste Strafgefangenenkolonie auf dem Kontinent gegründet. The Rocks ist jedoch auch von hervorragenden Beispielen moderner Städteplanung umgeben, bei der man die besondere Geschichte der Stadt immer im Blick behält.

Vom Fährhafen **Circular Quay** 8 aus kann man gemütlich am Ufer entlang in Richtung Sydney Harbour Bridge 7 schlendern. Das erste Gebäude im Art-déco-Stil ist das **Museum of Contemporary Art (MCA)** 2, in dem es eine hervorragende Sammlung zeitgenössischer australischer Kunst gibt. Besonders hervorzuheben ist der Neubauflügel des Museums, in dem die umfangreiche Sammlung von Aboriginekunst bestens zur Geltung kommt. Von der George St, der Lebensader von The Rocks, taucht man schräg gegenüber dem Museum in die sehr schmale Gasse **Suez Canal** ein, wo im 19. Jahrhundert die Prostituierten und Gauner herumlungerten. Heute findet man hier Informationstafeln und lebensgroße Scherenschnitte von einigen dieser „illustren" Figuren.

◁ *Die Sydney Harbour Bridge* 7 *bietet auch nachts einen imposanten Anblick*

Am Ende der Gasse geht man rechts in die Harrington St und weiter nach links durch die Argyle St, die ca. 7 Meter tief in den Sandstein von The Rocks gehauen wurde. Dieser sogenannte **Argyle Cut** ❹ wird heute von einer Brücke überspannt.

Folgt man der Argyle Street weiter von The Rocks weg, kommt man in eine der neusten Parkanlagen von Sydney, die Ende August 2015 eröffnet wurde: **Barangaroo Reserve** ❺. Unterirdisch versteckt sich hier die im September 2015 eröffnete Ausstellungs- und Performancefläche **Cutaway**, in der wie beim Argyle Cut

Routenverlauf im Stadtplan
Der hier beschriebene Spaziergang ist mit einer farbigen Linie im Stadtplan eingezeichnet.

eine riesige Sandsteinwand an die Geschichte der Stadt erinnert.

Verlässt man den Park am Towns Place, ist man über die Dalgety Street schnell zurück im Herzen des Viertels Millers Point, wo man auf zwei der ältesten Kneipen der Stadt trifft, die beide einen Besuch wert sind: das **Lord Nelson Brewery Ho-**

Kuriose Details über Sydney

› *Die „Nonnenhaube" („Nun's Scrum")* wird das Sydney Opera House ⑪ *genannt, das neue UTS-Gebäude (s. S. 40) des Architekten Frank Gehry wurde nachvollziehbar „Papiertüte" („paper bag") getauft und die Sydney Harbour Bridge* ❼ *ist schlicht der „Kleiderbügel" („Coat Hanger").*

› *4,8 Mio. Sydneysider verteilen sich auf großzügige 12.444 km² Fläche, von der aber nur ca. 4000 km² bewohnt sind, der Rest ist Buschland. Im Vergleich dazu leben 3,4 Mio. Berliner auf nur 891 km² und 8,4 Mio. New Yorker auf ca. 790 km² Fläche.*

› *Binnen fünf Jahren hat sich die Zahl der Kreuzfahrtschiffe, die in Sydney anlegen, mehr als verdoppelt. 2014/2015 waren es 280 Stück!*

› *Australian Football wurde in Victoria erfunden und in New South Wales nicht beachtet, bis man 1981 den finanzschwachen South Mel-*

bourne Club nach Sydney verpflanzte und ihn in Sydney Swans umbenannte, um die Sydneysider, die traditionell nur für Rugby schwärmen, für „Aussie Rules" (s. S. 119) zu begeistern. Die Rechnung ging auf und die Sydneysider stehen zunehmend hinter ihrem Klub.

› *Sydney ist die größte der australischen Bundeshauptstädte und liegt weit von den anderen entfernt: Es sind 881 km bis Melbourne in Victoria, 938 km bis Brisbane in Queensland, 1170 km bis Hobart in Tasmania, 1406 km bis Adelaide in South Australia und 3970 km bis Perth in Western Australia.*

› *Baristas haben in Sydney Starpotenzial, denn sie sind mitverantwortlich für das Kreieren der perfekten Tasse Kaffee. Im „Sydney Morning Herald Good Cafe Guide" wird seit einigen Jahren die konkrete Kaffeemarke genannt, die in den dort aufgeführten Cafés aufgebrüht wird.*

tel (s. S. 74) am Ende der Argyle St und das **Hero of Waterloo** (s. S. 74) in der Lower Fort St.

Der Weg führt nun durch die Lower Fort St zurück bis zur eher unspektakulären Holy Trinity Anglican Church, die schlicht **Garrison Church** ❹ genannt wird, da viele Angehörige des Militärs hier die Gottesdienste besuchten. Hinter der Kirche links kommt man wieder zum Argyle Cut. Über einen **Treppenaufgang** gelangt man über einige Stiegen in die Playfair St mitten in The Rocks. Über die Mill Ln erreicht man die parallel zur Playfair St verlaufende Kendall Ln, wo sich das **The Rocks Discovery Museum** (s. S. 67) befindet, das sich mit der Geschichte des Stadtviertels beschäftigt. Am Ende der Straße erreicht man nach links über die Argyle St wieder die George St, wo sich auf der gegenüberliegenden Straßenseite das **Cadman's Cottage** unter einigen Bäumen versteckt. Es gehört zu den ältesten erhaltenen Gebäuden von The Rocks. Samstags und sonntags kann man an der George St auf den **The Rocks Markets** (s. S. 19) an Straßenständen Kunsthandwerk kaufen. In der Straße sind außerdem die Galerien einiger bekannter australischen Künstler und das hervorragende **Craft NSW** (s. S. 68), eine Galerie der Kunsthandwerkgilde von NSW, ansässig.

Hinter dem Craft NSW trifft man auf die Hickson Rd, die direkt zu den ehemaligen Lager- und Packhäusern am **Campbell's Cove** ❻ führt. Von hier aus hat man einen ausgezeichneten Blick auf die beiden Wahrzeichen von Sydney: die **Sydney Harbour Bridge** ❼, auf der mehrmals täglich grau gekleidete Touristengruppen über die anmutige Stahlkonstruktion wandern, und das berühmte Sydney Opera House mit seiner erstaunlichen Dachkonstruktion.

Wandert man entlang der Bucht langsam zurück zum Circular Quay ❽ und weiter in Richtung Opernhaus gibt es en route eine Vielzahl von Restaurants und Bars, die sich für eine Mittagsmahlzeit eignen.

Frisch gestärkt flaniert man bis zum **Sydney Opera House** ⓫, um das architektonische Meisterwerk des dänischen Architekten Jørn Utzon näher in Augenschein zu nehmen. Idealerweise hat man im Vorfeld für diesen Tag den Besuch eines Konzertes o. Ä. gebucht, um sich das Gebäude so auch von innen ansehen zu können. Es sind jedoch auch Führungen möglich.

Nach all den gesammelten Eindrücken kommt man in den **Royal Bo-**

☑ *Cutaway: eine spektakuläre Ausstellungs- und Eventfläche unterhalb des Barangaroo Reserve* ❺

tanic Gardens ⑫, die an das Opera House anschließen, wieder zur Ruhe. Mitten im Park kann man die unzähligen Flughunde in der Nähe des Palm Grove Centre (ausgeschildert) bestaunen, die dort kopfüber von den Bäumen hängen oder gerade kreischend ihre Fledermausflügel für einen kleinen Rundflug gespreizt haben. Wer eine Pause braucht, kann sich zum Entspannen auf dem Gras niederlassen und den Blick auf die Skyline oder Sydney Harbour bestaunen. Auf der Anhöhe im Park befindet sich gegenüber dem Sydney Opera House das **Government House** ⑬, das derzeit wieder als offizielle Residenz des Gouverneurs von New South Wales dient und vor allem für repräsentative Anlässe, aber auch für wöchentliche Sitzungen genutzt wird.

Man verlässt den Botanischen Garten am besten durch das Palace Garden Gate (ausgeschildert), das zur Macquarie St [F3] führt. Auf dieser Straße stößt man in Richtung Hyde Park auf eine ganze Reihe von Prachtbauten aus der Glanzzeit Sydneys: die **State Library** mit der **Mitchell Library** ⑭, das **Parliament House** ⑮, das **Sydney Hospital** und **The Mint** ⑯, die **Hyde Park Barracks** ㉖, das **Department of Lands** (1 Prince Albert St [F4]) und das auffallende Duo **St James' Church** und **NSW Supreme Court** ㉕.

Man sollte unterwegs mindestens einen Blick in das Foyer der Mitchell Library werfen und bei Interesse an Büchern zum Thema Australien seine Nase in den Buchladen der State Library stecken. Ein Besuch der Hyde Park Barracks lohnt sich ebenfalls.

Am Ende der Prachtstraße Macquarie St liegt der schöne **Hyde Park** ㉒ mit seinem fotogenen Archibald-Brunnen, dem ANZAC War Memorial und der 2014 eingeweihte Aboriginal-Installation „Yininmadyemi – Thou didst let fall", die an gefallene australische Soldaten erinnert, sowie der katholischen **St Mary's Cathedral** ㉔, dem größten Sandsteingebäude Australiens, im Hintergrund.

Am Rand des Hyde Parks befindet sich der **St-James-Bahnhof**, der in den 1930er-Jahren gebaut wurde. Unverkennbar ist der Art-déco-Stil mit seinen grün glasierten Fliesen und der alten Leuchtreklame für Chateau Tanunda Brandy am Elisabeth-Street-Eingang. Hier beendet man den Spaziergang und kann z. B. per Sydney Trains zum Circular Quay ⑧ zurückfahren.

☐ *Sydney im Baufieber: Bis 2022 soll Barangaroo* ⑤ *fertiggestellt werden.*

Downtown Sydney

Die meisten Sehenswürdigkeiten der Stadt befinden sich in Downtown Sydney, das auch über eine hervorragende Infrastruktur verfügt, falls die Beine müde werden. Für den Besuch der Strandvororte Bondi Beach 🔴**50** *und Manly (s. S. 61) sollte man bei der Planung längere Anfahrtszeiten und die Nutzung von mehreren Verkehrsmitteln berücksichtigen.*

Das charmante Hafengebiet **The Rocks** ist die Wiege des modernen Australiens (s. S. 95). Der schmale Landstreifen wird von den beiden berühmten Wahrzeichen Sydneys dominiert: der gigantischen **Sydney Harbour Bridge** 🔴**7**, deren gusseiserne Konstruktion wie ein horizontaler Eiffelturm anmutet, und dem berühmten **Sydney Opera House** 🔴**11** mit seiner kunstvoll geschwungenen Dachkonstruktion, die an Blütenblätter erinnert. Überragt wird alles von der modernen Skyline Sydneys mit zumeist bläulich schillernden Wolkenkratzern, die sich fotogen auf der Wasseroberfläche im **Sydney Harbour** widerspiegeln.

In Downtown findet man neben modernster Architektur auch restaurierte historische Gebäude, in denen sich zum Teil die wichtigsten Museen befinden, und außerdem reichlich Res-taurants, Cafés, Pubs und Nachtklubs. Hier geht man auch in den Einkaufspassagen und Straßen rund um die **Pitt Street Mall** 🔴**18** und im neu entdeckten Glanz der viktorianischen **The Strand Arcade** (s. S. 83) und im **Queen Victoria Building** 🔴**20** shoppen.

Am Rande von **Chinatown** 🔴**30** sorgt **Darling Harbour** [D3] ungeniert touristisch für die nötige Zerstreuung.

The Rocks

Die Siedlungsgeschichte Australiens beginnt in The Rocks, dem damit auch ältesten Stadtteil Sydneys. Hier landeten am 26. Januar 1788 die elf Schiffe der Ersten Flotte unter dem Kommando von Kapitän Arthur Phillip und hier wurde die erste britische Kolonie in Australien gegründet. In The Rocks wird Sydneys früheste Geschichte bei Rundgängen durch die verwinkelten Gassen entlang der liebevoll instand gehaltenen Kolonialbauten wieder lebendig.

In den Fußgängerzonen Playfair St [E2], Kendall Ln [E2] und Nurses Walk [E2] verstecken sich kleine Museen und Cafés. Im **The Rocks Discovery Museum** (s. S. 67) sind vier Ausstellungen zu sehen, die die Geschichte der Cadigal-Aborigines vor und nach der Kolonialisierung der Sydney-Region durch die Briten darstellen.

100sy Abb.: jn

Sydney per Bus erkunden
Um Sydney mit dem **Bus** zu erschließen, sollte man sich eine entsprechende **App** aufs Handy laden (s. S. 127) oder den **Routenplaner der Verkehrsbetriebe** unter www.transportnsw.info verwenden. Man gibt dort seinen Standort und das gewünschte Ziel (z. B. den Namen einer Sehenswürdigkeit oder ihre Adresse) ein und bekommt dann die beste Route angezeigt.

Der **Nurses Walk** wurde nach den Nonnen benannt, die hier im ersten Krankenhaus Australiens von 1788 bis 1816 die Kranken versorgten. Ein Spaziergang über diesen „Nonnenpfad" verleitet auch zum Relaxen in einem der hier ansässigen Cafés.

Das kleine Museum **Susannah Place** (s. S. 67) beherbergt einen Kolonialwarenladen aus den 1920er-Jahren, in dem es auch authentische Waren aus dieser Zeit zu kaufen gibt. Das dreistöckige Haus mit sechs Zimmern, einer Küche im Kellergeschoss, traditionellen Außentoiletten und offenen Waschräumen ist ein Beispiel für die frühe Bauweise in der Kolonie.

❶ George Street ★★★   **[E2]**
Entlang der George St reihen sich in renovierten historischen Gebäuden Hotels, Restaurants und klassische Pubs, in denen man auch übernachten kann, sowie Kunstgalerien, Geschäfte und Cafés aneinander.

Ein riesiges **Schwarz-Weiß-Wandgemälde** mit einer Straßenansicht der Sydneys Brown Bear Ln im Jahr 1901 markiert unter dem Cahill Expressway den Anfang von The Rocks. Jetzt heißt es Augen auf, denn so manch eine Fassade birgt interessante Details. Im neugotischen Gebäude der ehemaligen **English, Scottish & Australian Chartered Bank** von 1885 ist heute eine simple Pizza-Pasta-Bar untergebracht. Nebenan „grinst" ein Löwe mit einem Schlagstock im Maul von der **ehemaligen Polizeiwache** herunter.

Die älteste historische Residenz in The Rocks ist das **Cadman's Cottage,** das leider seit 2013 nicht mehr für die Öffentlichkeit zugänglich ist. Ab 1845 diente das Gebäude als Hauptquartier der Wasserschutzpolizei und später wurde es von Seeleuten bewohnt, bis man 1864 nebenan das **Sailors' Home** einrichtete. Dort ist heute u. a. die Galerie eines Künstlers untergebracht.

Unbedingt besuchen sollte man **Craft NSW** (s. S. 68) im ehemaligen Leichenschauhaus von The Rocks. In dem alten Backsteingebäude werden originale Exemplare australischer Handwerkskunst ausgestellt, die ideale (nicht kitschige) Mitbringsel darstellen. In der George St finden sich noch weitere Galerien.

❷ Museum of Contemporary Art (MCA) ★★★   **[E2]**
Das schlichte Art-déco-Gebäude aus den 1930er-Jahren ist das größte Haus in der George St. Wer sich für Kunst interessiert, sollte hier unbedingt einmal vorbeischauen.

Präsentiert werden moderne Arbeiten von Künstlern aus den Bereichen **Malerei, Film und Multimedia.** 2012 wurden die 53 Mio. Dollar teure Renovierung des Museums und seine Erweiterung um den „Mordant Wing" im Mondrian-Stil abgeschlossen. Seither ist die Ausstellungsfläche, auf der die **Aboriginekunstsammlung** zur Schau gestellt werden kann, doppelt so groß.

Events in The Rocks

› **The Rocks Markets,** George St und Playfair St [E2], Sa./So. 10–17 Uhr. Hier werden vor allem touristisch ausgerichtete Kunsthandwerkprodukte verkauft. Freitags gibt es hier am Jack Munday Place auch den The Rocks Friday Foodie Market mit Produkten aus der Umgebung (Fr. 9–15 Uhr).

› **The Rocks Aroma Festival,** George St und Playfair St [E2], Ende Juli, www.therocks.com. Ein Festival rund um Kaffeeröstungen, Kaffeemaschinen, Kaffee trinken – sprich Barista-Kultur! Außerdem gibt es Kostproben von Schokolade, Tee und Gewürzen.

› 140 George St, www.mca.com.au, geöffnet: tägl. 10–17 Uhr (Do bis 21 Uhr), Eintritt: frei, kostenlose Führungen Mo.–Fr. 11 und 13, Do auch 19 Uhr, Sa./So. 11, 13 und 15 Uhr. Hier gibt es außerdem ein angenehmes Café. WLAN.

❸ Sydney Observatory ★★ [E2]

Das älteste Gebäude des Observatoriums stammt aus dem Jahr 1848 und fungierte einst als Signalstation. Heute ist auf dem Gelände das **Museum für Astronomie** untergebracht mit einer Ausstellung **astronomischer Instrumente** und einer **Zeitball-Uhr**, die früher täglich um exakt 13 Uhr ertönte. Außerdem erfährt man, was die Aborigines über die Entstehung des südlichen Himmels denken.

Ein Besuch im Observatorium lohnt sich auch am Abend, denn dann kann man den **Sternenhimmel der südlichen Hemisphäre** bewundern. Hier kann man ganz andere Sterne und Planeten sehen als in Europa und vor allem die Milchstraße lässt sich in

Australien klar und deutlich erkennen. Am schönsten ist das **Crux Australis,** die Sternenkonstellation „**Kreuz des Südens**", die neben dem Union Jack auf der australischen Flagge prangt.

› Observatory Hill, Watson Rd, Tel. 99213485, www.sydneyobservatory. com.au, geöffnet: tägl. 10–17 Uhr, Eintritt: frei (Museum), Führungen 10 $. Auch 3D-Theater und Nachtführung des Teleskops (18 $, reservierungspflichtig): Apr.–Sep. 18.15 u. 20.15 Uhr, Feb./ März, Okt./Nov. 20.15 Uhr, Dez./Jan. 20.30 Uhr. Teil von MAAS: Museums for Applied Arts and Sciences, zu dem auch das Powerhouse Museum ㉜ gehört.

❹ Garrison Church und Argyle Cut ★ [E2]

Offiziell gehört die Kirche seit 2013 zur Church Hill Anglican, man nennt sie aber weiter **Garrison Church,** da viele Angehörige des Militärs hier die Gottesdienste besuchten. Der Grundstein der Kirche wurde 1840 gelegt, später wurde sie erweitert, sodass sie heute 600 Menschen fasst. Das für den europäischen Betrachter eher unspektakuläre Gebäude besteht u. a. aus Sandstein aus dem Argyle Cut und an der Ostseite sind schöne Buntglasfenster zu sehen, die sonst selten australische Kirchen zieren.

Der **Argyle Cut** ist der Abschnitt der Argyle St, der seit Stilllegung der örtlichen Steingrube The Rocks und Millers Point verbindet. Ab 1843 schlugen hier zunächst **Strafgefangene** mit Hammer und Meißel den Sandstein aus dem Hügel und nachdem man den Transport von Strafgefangenen aus England stoppte, wurden Arbeiter angeheuert, die die ca. 30 m breite und 30 m tiefe Schneise mithilfe von Sprengstoff 1859 vollendeten.

› **Garrison Church,** Argyle St/Lower Fort St, nur zur Messe: So. 9.30 und 16 Uhr

Streifzug
durch historische Kneipen

Das seit 1841 ungebrochen beliebte **Lord Nelson Brewery Hotel** (s. S. 74) gilt zusammen mit dem Hero of Waterloo als **einer der ältesten Pubs in Australien.** Im Lord Nelson werden noch immer **sechs Biersorten nach eigener Rezeptur** gebraut, die man zuweilen bei Livejazz oder -rockmusik genießen kann. Das **Hero of Waterloo** (s. S. 74) ist ein echtes Urgestein unter den Pubs, wo trotz aller einkehrenden Touristen auch noch immer urige Seebären der Hafengegend ein und aus gehen. Hier gibt es jeden Fr., Sa. und So. Livejazz, -folk oder irische Musik.

    Weitere Pubs, die sich für eine historische Kneipentour eignen, sind z. B.

- ⊙**1** [E2] **Australian Hotel,** 100 Cumberland St, Tel. 92472229. Das im edwardianischen Stil erbaute Lokal der Resch's Brewing Company von 1915 bietet im Bistro exotische Gourmetpizzas mit Känguru-, Emu- oder Krokodilfleisch und dazu 60 australische Biere. Auch Hotelzimmer, WLAN.

- ❯ **Harbour View Hotel** (s. S. 74). Eine typische Art-déco-Kneipe mit ungewöhnlichen Fusion-Gerichten wie z. B. Kängurufilet mit Harissa oder Regenbogenforelle mit Sichuanpfeffer.

- ⊙**2** [E1] **Mercantile Hotel,** 25 George St, Tel. 92473570. Das unter Denkmalschutz stehende Mercantile Hotel aus dem Jahr 1915 ist ein nach wie vor populärer Irish Pub mit Irish Stew und dem berühmten Steak and Guinness Pie auf der Speisekarte. Irische Bands und sogenannte Bush Bands spielen hier am Wochenende regelmäßig live (bis 3 Uhr). WLAN.

- ❯ **The Glenmore Rooftop Hotel** (s. S. 74). Von der Dachterrasse des 1921 im georgianischen Stil erbauten

024sy Abb.:·· eg

Pubs hat man eine gute Sicht auf The Rocks, Sydney Harbour, Sydney Opera House und die Skyline der Stadt.

- ⊙**3** [D1] **Hotel Palisade,** 35 Bettington St, www.hotelpalisade.com. Charmantes Pubhotel mit Hotelzimmern, Restaurant und Bar mit klassischer glasierter Wandbefliesung. Und das alles gleich neben dem Barangaroo Reserve!

- ❯ **Powerhouse Museum Walking Tours:** informative App mit Infos zur Geschichte der historischen Pubs: „Sydney Pub Crawl" (für iOS und Android, Grund-App kostenlos, Touren als In-App-Käufe kostenpflichtig).

◹ *Urig-gemütlich ist ein Besuch im Hero of Waterloo (s. S. 74)*

5 Barangaroo Reserve und Cutaway ★★★ [D2]

Seit August 2015 ziert das neu eröffnete Barangaroo Reserve die Küste zwischen Darling Harbour und Walsh Bay. Über 100 Jahre lang war das Küstenstück nicht zugänglich. Jetzt hat die Küstenlinie ihre neue Form und wird durch treppenartig bis ins Wasser angelegte riesige Sandsteinquader eingefasst, die zum **Klettern** einladen.

Zuletzt befand sich in dem Gebiet ein stillgelegter Containerhafen, mit dessen über 6 Milliarden Dollar teuren Umbau 2012 begonnen wurde. Die endgültige Fertigstellung ist für 2022 geplant – ein ehrgeiziges Sanierungsprojekt, das man anschauen sollte.

Der mit 83 einheimischen Pflanzenarten angelegte **Park** wurde von dem renommierten Landschaftsarchitekten Peter Walker entworfen, der auch das 9/11-Memorial in Manhattan kreiert hat. Vom Park hat man eine tolle Sicht auf Sydney Harbour hinter Goat Island, zur Berry Bay und auf die City.

Barangaroo ist ein neuer Hotspot, von wo aus man auch das spektakuläre **Silvesterfeuerwerk** genießen kann, das gleich zweimal von der Sydney Harbour Bridge und von Booten im Hafen abgefeuert wird: als Familienfeuerwerk um 21 Uhr und dann noch einmal um Mitternacht. Aus Sicherheitsgründen wird der Zugang zu Barangaroo an Silvester jedoch über den Verkauf von Tickets kontrolliert.

Ungewöhnlich ist, was sich unter den 12.000 m² messenden Parklandschaft versteckt: Im September 2015 eröffnete hier das unterirdische **Cutaway**, eine riesige Ausstellungs-, Konzert- und Performancefläche. Die 50 m breite und 150 m lange Halle wird durch 14,5 m hohe Betonsäulen gestützt und von einer Sandsteinwand flankiert, die zum Himmel hin offen ist. Von hier kommt man per Lift zur darüberliegenden Parklandschaft. Unter dem Cutaway gibt es darüber hinaus eine zweistöckige **Tiefgarage** und **Wassertanks** für 1500 m³ Regenwasser, die bis zu 17 m unter dem Meeresspiegel im Gestein liegen. Damit ist das Cutaway ein bautechnisches Wunderwerk. Auf längere Sicht will man hier evtl. ein Zentrum für die Kunst und Kultur der Aborigines einrichten.

> Infos zu Veranstaltungen in Barangaroo und Cutaway: www.barangaroo.sydney

6 Campbell's Cove und Dawes Point Park ★★★ [F1]

An der Spitze von The Rocks wird einem eine Flaniermeile mit historischer Häuserkulisse und wunderschöner Aussicht auf die Sydney Harbour Bridge und das Sydney Opera House geboten.

Einst herrschte hier in **Campbell's Cove** an der Spitze von The Rocks **geschäftiges Treiben**. In den zwischen 1838 und 1861 gebauten **Lagerhäusern** des Händlers Robert Campbell wurden Wolle, Zucker, Walöl und Seehundfelle gelagert, bis sie auf Schiffe geladen und nach Europa, Amerika oder Afrika gebracht wurden. In den hübsch restaurierten Sandsteingebäuden ist heute eine Vielzahl an **Restaurants** untergebracht. Jetzt, da die Sanierung von Barangaroo 5 schon zu einem großen Teil abgeschlossen ist, sollen Campbell's Cove und das angrenzene Gebiet von 2016 bis 2018 ebenfalls renoviert werden, um sie zu einem Glanzstück zu machen.

Am nördlichen Ende von Campbell's Cove liegt das komplett modernisierte **Overseas Passenger Terminal** mit dem edlen Restaurant Quay (s. S. 72) und der Cruise Bar (s. S. 79), in denen man nebst gutem Essen einen unschlagbar schö-

Auf ins Vergnügen

Am North-Sydney-Ufer der Sydney Harbour Bridge sieht man vor allem am Abend den hell erleuchteten Luna Park, der einen mit seinem Eingangstor in der Form eines überdimensionalen Gesichts begrüßt. Der Luna Park wurde 1935 als der **erste Vergnügungspark Sydneys** eröffnet. Mehr als die Hälfte der Attraktionen auf dieser permanenten Kirmes sind für Teenager und Erwachsene gedacht, aber auch die Allerkleinsten kommen auf ihre Kosten.

★ **4** [I] **Luna Park,** Milson's Point, North Sydney, Fähre von Circular Quay nach Milson's Point/ Luna Park, www.lunaparksydney. com, Öffnungszeiten und Eintrittspreise variieren je nach Monat und Wochentag, siehe Internetseite), Eintritt: 46–50 $ (Kinder 26–50 $)

Aufregende Brückenbesteigung

Die Sydney Harbour Bridge **7** kann man nicht nur bestaunen, sondern auch besteigen! Schaut man genau hin, kann man tagtäglich deutlich die **grau-blau gekleideten Kletterer** erkennen, die sich an den Aufstieg machen. Unter der Aufsicht von professionellen „Bergsteigern" erklimmt man die 134 m hohe Brücken-Stahlkonstruktion. Man sollte schwindelfrei, nüchtern (wird getestet) und mind. 10 Jahre alt sein sowie Turnschuhe oder Trekkingschuhe tragen!

● **5** [E1] **Bridge Climb,** 3 Cumberland St, The Rocks, Tel. 82747777, www.bridgeclimb.com, 218– 368 $, einen Kurztrip zur halben Höhe gibt es für 148–173 $. Reservierung empfohlen!

nen Blick auf das Sydney Opera House und den Hafen geboten bekommt. Hier und am anderen Kreuzfahrtschiffhafen White Bay legen jährlich rund 280 Kreuzfahrtschiffe an. Das sind mehr als doppelt so viele wie noch 2009/2010, weshalb das White Bay Cruise Terminal am Rand von Balmain 2013 überhaupt gebaut und das Overseas Passenger Terminal 2015 erneut saniert wurde (Fahrplan unter www.sydneyports.com.au, Menüpunkt „Marine Services/Cruise Schedule").

Markant ist auch das **fünfstöckige Backsteingebäude** in Campbell's Cove, welches 1883 durch die Australasian Steam Navigation Co. unter Leitung des Architekten William Wardell mit Giebeln im flämischen Stil und einem fantastischen Glockenturm erbaut wurde. Unter den historischen Gebäuden an Campbell's Cove fällt auch ein **Schornstein** auf. Dieser gehört zur 1903 erbauten George St Electric Light Station, die jedoch nie in Betrieb genommen wurde.

Am äußersten Zipfel von The Rocks bietet sich vom **Dawes Point Park** unterhalb der Sydney Harbour Bridge **7** eine wunderschöne Aussicht auf eben diese Brücke, das Opernhaus **11**, den Circular Quay **8** und die Skyline der Stadt. Ob Hobbyfotograf oder Profi, alle finden sich hier für ein Shooting ein.

Benannt wurde der Park nach Leutnant William Dawes, einem Astronom, der Sydneys erstes Observatorium baute und das erste Wörterbuch mit Worten der Eora-Bevölkerung verfasste.

▷ *Die Syndey Harbour Bridge kann man auch „erklettern"*

❶ Sydney Harbour Bridge ★★★ [F1]

Einst gab es an dieser Stelle lange Warteschlangen, um mit der Fähre nach North Sydney überzusetzen. Seit 1932 überspannt die Sydney Harbour Bridge den 503 m breiten Hafen.

Im Jahr 1890 transportierten die **Sydney Ferries** bereits 5 Mio. Passagiere, 378.500 Fahrzeuge und 43.800 Reiter. Einzige Alternative, um auf die Nordseite des Hafens zu gelangen, war eine 20 km lange Route über fünf Brücken. 1922 erhielt die englische Firma **Dorman Long and Co. Ltd.** den Auftrag für den Bau einer Hafenbrücke. Kostenpunkt: 4.217.721 australische Pfund, 11 Schilling und 10 Pence. Das grobe Design stammte von **Dr. J. J. C. Bradfield**, der auch als Vater der Sydney Harbour Bridge gilt. Mitten in der Weltwirtschaftskrise mit einer Arbeitslosenquote von 32 % in NSW schuf der Bau der Brücke viele neue Arbeitsplätze.

Die **beiden Brückenbögen** wurden simultan an beiden Uferseiten errichtet. Um zu verhindert, dass sie ins Wasser fielen, wurden sie mithilfe von 128 Kabeln festgezurrt, bis sie schließlich am 20. August 1930 zusammengefügt und die Kabel wieder entfernt werden konnten. Im **Februar 1932** testete man das Bauwerk erstmals unter Volllast. Man parkte dazu 96 Dampflokomotiven auf der Brücke. Alles ging gut und so wurde die Sydney Harbour Bridge am **19. März 1932** durch den damaligen Premierminister John T. Lang **offiziell eröffnet**.

Die vier tragenden, 89 m hohen Betonmasten der Brücke sind mit Granit verkleidet. Es mussten eigens drei Schiffe gebaut werden, um die 18.000 m³ Granit in nummerierten

026sy Abb.: eg

Blöcken von den Steingruben in den Moruya-Bergen ins 300 km entfernte Sydney zu bringen. In einem dieser Betonmasten, dem sogenannten **Pylon Lookout**, gibt es über drei Etagen verteilt eine Ausstellung zum Bau der Brücke und über seinen Chefingenieur Bradfield. Nach dem Erklimmen von 200 Stufen genießt man von der Plattform des Brückenpfeilers aus 87 m Höhe eine wundervolle Aussicht auf Sydney Harbour.

❯ **Pylon Lookout**, South East Pylon, Sydney Harbour Bridge (über die Bridge Stairs in der Cumberland St auf Höhe der Argyle St erreichbar), www.pylonlookout.com.au, geöffnet: tägl. 10 – 17 Uhr, Eintritt: 13 $

❯ **Powerhouse Museum Walking Tours:** Diese kostenlose App bietet eine interessante Zusammenfassung der Baugeschichte der Brücke in Form eines Audio-Rundgangs mit 9 Stopps (kostenlos für Android und iOS).

Central Business District

Zwischen Hauptbahnhof und Circular Quay findet man die modernen Wolkenkratzer, in denen ein Großteil der Sydneysider tagtäglich arbeitet, aber auch die historischen Prachtgebäude und Parkanlagen der Stadt.

8 Circular Quay ★★★   [F2]

Circular Quay ist die Hauptanlegestelle für die Hafenfähren und eine Hafenrundfahrt ist ein Muss für jeden Besucher, allein schon, um Fotos vom Sydney Opera House **11**, *der Sydney Harbour Bridge* **7** *und den Wolkenkratzern der City zu machen.*

Mindestens einmal sollte man an dem quirligen Verkehrsknotenpunkt in eine der **Fähren** von Sydney Ferries einsteigen, denn es ist die kostengünstigste Variante, eine Hafenrundfahrt zu machen. Von hier kann man

☐ *Am Circular Quay: links das Fährenterminal, rechts der Tank Stream Fountain an der Alfred St (Ecke George St [E2])*

z. B. nach Manly, Watsons Bay oder auch nur nach Darling Harbour fahren. Außerdem ist es eine Freude, dem geschäftigen Treiben der ein- und ausfahrenden Fähren zuzuschauen.

Wer kommentierte **Hafenrundfahrten** bevorzugt, sollte nach Privatunternehmen an Circular Quay und Darling Harbour Ausschau halten, die diese kombiniert mit einem Essen oder Entertainment auf dem Schiff u. a. ab Wharf 6 anbieten (s. S. 120).

❯ Sydney Trains: Circular Quay, Alfred St, und alle Fähren zum Circular-Quay-Fährterminal. WLAN.

9 Customs House ★★   [F2]

Das **ehemalige Zollamt** aus dem Jahre 1844 wurde vom Architekten Mortimer Lewis ursprünglich als einstöckiges georgianisches Gebäude erbaut und 1885 von Barnet zu einem klassisch **italienischen Palazzo mit dorischen Säulen** erweitert.

Im Gebäude ist heute die **modernste Zweigstelle der Stadtbücherei Sydneys** ansässig, in deren Eingangsbereich man eine durchgestylte Lounge mit einem großen Angebot an Zeitungen (auch die FAZ und andere internationale Zeitungen) und Zeitschriften vorfindet. Im Fußboden des Erdgeschosses ist außerdem ein **detailliertes Modell des CBD** im Maßstab 1:500 eingelassen. Ebenfalls im Erdgeschoss befindet sich das Restaurant Young Alfred, während man ganz oben im Cafe Sydney die Aussicht genießen kann.

Blickt man von einer Fähre zurück auf das Customs House, verschwindet es fast gänzlich hinter der Circular Station. Weiter hinten sieht man seit 2011 ein preisgekröntes Beispiel moderner Architektur: **1 Bligh Street,** an dem das deutsche Architekturbüro Ingenhoven beteiligt war. Wenn man sich für moderne Architektur begeistern kann, sollte man hineingehen, denn von der Eingangshalle kann man bis zum Glasdach des 28-stöckigen, eliptischen Hochhauses mit seinem vertikal gardinenartig gerundeten Innenleben hinaufblicken. Am Eingang an der Bent Street/Ecke O'Connell Street fällt auch die orange-rot-gelbe Skulptur des australischen Künstlers Jame Angus auf, unter der man sich auf einen Kaffee niederlassen kann. Auf dem Dach des Gebäudes gibt es einen wunderschönen Wintergarten, der jedoch nicht für die Öffentlichkeit zugänglich ist.

KLEINE PAUSE

Drinks mit Aussicht

🚃6 [F2] **Cafe Sydney,** 31 Alfred St, Customs House, Sydney Trains: Circular Quay, Alfred St, und alle Fähren zum Circular Quay, www.cafesydney.com, geöffnet: Mo.–Fr. 12–23, Sa. 17–23, So. 12–16 Uhr. Im Cafe Sydney im 5. Stock des Customs House kann man die spektakuläre Aussicht auf den Circular Quay, die Harbour Brigde und The Rocks genießen, während man einen Cocktail oder ein Gericht von der abwechslungsreichen Speisekarte zu sich nimmt. Die Preise sind entsprechend der gebotenen Aussicht eher gehoben. Wer es etwas preiswerter haben möchte, gibt sich mit dem Young Alfred im Erdgeschoss zufrieden. WLAN.

❯ 31 Alfred St, geöffnet: Mo.–Fr. 10–19, Sa./So. 11–16 Uhr. Bücherei: Mo.–Fr. 10–19, Sa./So. 11–16 Uhr, Sydney Trains: Circular Quay, Alfred St, und alle Fähren zum Circular Quay

☑ *Das einstige Zollamt ist heute eine moderne Bibliothek*

Bushranger
In Australien nennt man Gesetzlose nicht wie in Amerika und England *out-laws*, sondern *bushranger*, weil sie vor allem im australischen Busch ihre Opfer überfielen und beraubten.

⑩ Justice & Police Museum ⭐ [F2]

In den drei Gebäuden dieses Museums erfährt man alles zum Thema „Recht und Ordnung" in den Zeiten der Strafgefangenenkolonie. Das neoklassizistische **Gerichtsgebäude der Wasserschutzpolizei** wurde 1856 von Edmund Blacket entworfen, das nebenan gelegene **Polizeigericht** von James Barnet stammt aus dem Jahr 1886 und für die **Wache der Wasserschutzpolizei** aus dem Jahr 1858, die sich wiederum direkt nebenan befindet, zeichnet Alexander Dawson verantwortlich. Heute kann man hier **Gefängniszellen** und auch einen **Gerichtsraum** aus der Zeit Sydneys als Strafgefangenenkolonie besichtigen. Reich bebildert zeigt das Museum außerdem die **Geschichte berühmter Kriminalfälle** und die Geschichte der **bushranger** Frank Gardiner, Ben Hall, Captain Moonlight und Ned Kelly.

❯ Albert/Phillip St, Sydney Trains: Circular Quay, Alfred St, und alle Fähren zum Circular Quay, geöffnet: Sa./So. 10–17 Uhr, Eintritt: 10 $

⑪ Sydney Opera House ⭐⭐⭐ [F1]

Am Bennelong Point steht das prachtvolle Opernhaus mit seiner bekannten Dachkonstruktion, die aus mehr als einer Million Keramikziegeln besteht und an Segel erinnert.

▷ *Die Architektur des Sydney Opera House ist wirklich beeindruckend*

Das Opernhaus wurde vom dänischen Architekten **Jørn Utzon** entworfen, der Sydney erstmals im Juli 1957 besuchte, um vor Ort konkrete Ideen zu sammeln. Zurück in Dänemark erarbeitete er mit dem **Londoner Architektenbüro Ove Arup and Partners** die ersten Pläne. **1958** wurde mit den Bauarbeiten begonnen, noch bevor die Pläne für den Rohbau und die Fundamente richtig ausgearbeitet waren – dies sollte den Bau die nächsten 15 Jahre immer wieder unnötig behindern.

Utzons Vision von der **Dachkonstruktion** war eine der größten strukturellen Herausforderungen, denn die Formen folgten keinem Schema und konnten somit nicht vorgefertigt werden. 1961 entwickelte er mit seinen Kollegen ein „sphärisches Design", das die Verwendung von gekrümmten Trägern beinhaltete, auf denen gleichförmige, gekrümmte Paneele ruhen konnten. Die Montage des Daches des Sydney Opera House wird als die schwierigste der Baugeschichte beschrieben.

Immer wieder kam es zu **Auseinandersetzungen** zwischen Utzon und der Landesregierung sowie den Mitgliedern von Ove Arup and Partners. Im Februar 1966 **reichte Utzon seinen Rücktritt von dem Projekt ein** und war nicht mehr versöhnlich zu stimmen. Es folgte ein enormer Protest in Sydney. Angeführt von einigen der renommiertesten australischen Architekten der Zeit gab es öffentliche Demonstrationen und es wurde verlangt, dass man alles tun müsse, um Utzon zum Bleiben zu bewegen. Es half aber alles nichts, Utzon verließ Sydney Anfang 1966 und kehrte nie zurück. Viele seiner Pläne für das Interieur wurden deshalb nie umgesetzt. Die offizielle **Einweihung** des

Opernhauses nahm Queen Elizabeth II. am 20. Oktober 1973 vor. Auch hier war Utzon nicht anwesend und sein Name stand nicht einmal auf dem Schild am Eingang.

In den **1990er-Jahren** gab es viele **bauliche Ergänzungen**, um den Anforderungen eines modernen Opernhauses weiterhin gerecht zu werden. 1999 bat das Sydney Opera House Utzon, einen Katalog von Designrichtlinien zu formulieren, um zukünftige Änderungen am Gebäudekomplex in Übereinstimmung mit seinen Ursprungsideen durchführen zu können. Utzon nahm den Auftrag an und so schloss Sydney endlich Frieden mit dem Architekten, dessen Vision der Stadt zu ihrem weltberühmten Wahrzeichen verholfen hat.

Man kann das Opernhaus durch die Teilnahme an einer **Führung** kennenlernen, aber wenn es die Zeit erlaubt, ist es natürlich die beste Variante, ein **Konzert**, ein **Theaterstück** oder eine **Oper** zu besuchen. Das Programm ist so vielseitig, dass für jeden etwas dabei ist.

Die **Concert Hall** ist mit 2679 Sitzplätzen der größte Saal im Opernhaus. Mit seinen hohen Decken und der Holzvertäfelung ist er vor allem für höchste Akustik-Qualität konzipiert. Das **Opera Theatre** ist eine Theaterbühne mit 1507 Sitzplätzen und einem Orchestergraben für bis zu 70 Musiker.

Darüber hinaus gibt es das **Drama Theatre**, **The Playhouse** und **The Studio**. Der **Utzon Room** ist der einzige Saal, in dem das Interieur von Jørn Utzon stammt, darunter ein 14 Meter langer Wandteppich aus Wolle.

❯ Bennelong Point, Sydney Trains: Circular Quay, Alfred St, und alle Fähren zum Circular Quay, Tel. 92507777, www.sydneyoperahouse.com. Einstündige Führung alle 30 Min. 9–17 Uhr, 37 $ (Mo., Mi. und Fr. 15.30, Di./Do. um 11.30 Uhr in deutscher Sprache).

⑫ Royal Botanic Gardens ★★ **[F2]**

Im Botanischen Garten können Besucher und Bewohner der Stadt verweilen und durchatmen. Besonders beliebt ist der Park zur Mittagszeit bei den Angestellten der City.

Spaziert man im Schatten der riesigen Feigenbäume ins Herz des Parks zum Palm Grove Centre (ausgeschildert) hört man immer wieder ein schrilles Kreischen. In den Baumwipfeln hängen hier zahllose **Flughunde** *(flying fox),* eingehüllt in ihre Flügel und mit dem Kopf nach unten. **Ibisse** landen elegant auf den Baumwipfeln, **Gelbhaubenkakadus** *(sulphur-crested cockatoo)* kreischen um die Wette und man kann noch viele andere Vogelarten beobachten. Das **Palm Grove Centre** beherbergt ein Informationszentrum und außerdem ein Restaurant, ein Café sowie einen hervorragenden Shop, in dem man Samen von australischen Pflanzenarten zum Anpflanzen zu Hause und gute Bücher mit dem Schwerpunkt Flora und Fauna kaufen kann. Am Infostand bekommt man Informationen über den Botanischen Garten, Faltblätter für Rundgänge auf eigene Faust und man kann sich für eine Führung anmelden.

Verlässt man den Botanischen Garten über das **Yurong Gate** oder das **Victoria Lodge Gate** und folgt den Pfaden weiter zur Spitze der Landzunge **Mrs Macquaries Point**, kommt man an den **Fleet Steps** vorbei, wo während des Sydney Festivals (s. S. 88) auf einer Open-Air-Kinoleinwand tolle Filme gezeigt werden. Gebaut wurde die Treppe, um 1908 die Great White American Fleet willkommen zu heißen. 1954 setzte Königin Elizabeth II. an diesem Treppenaufgang erstmals einen Fuß auf australischen Boden.

Im **Tropical Centre** des Botanischen Gartens befindet sich eine **Wollemi-**

EXTRATIPP

Ein Besuch im Taronga Zoo

Koalas, Kängurus, Wallabies, Wombats, Tasmanische Beutelteufel, Zwergpinguine, Pagageien, Schnabeltiere, Schlangen, Krokodile – diese und viele andere einheimische Tierarten kann man im Taronga Zoo aus nächster Nähe betrachten. Ab Circular Quay erreicht man die Taronga Zoo Wharf per Fähre in 12 Minuten. Von dort fährt man mit der Seilbahn „Sky Safari" zum Haupteingang des Zoos hinauf, wo man im Informationszentrum einen Plan bekommt (Rundgänge von 10 bis 60 Min. sind beschrieben). Es gibt diverse Führungen und z. B. öffentliche Fütterungen, die auf dem Plan angegeben werden. Wer Höhenangst hat, kann vom Fährenanleger per Bus oder zu Fuß zum Haupteingang gelangen. Achtung: Beim Fotografieren den Blitz abstellen, damit die Tiere nicht unnötig geblendet werden!

★7 [I] **Taronga Zoo,** Bradleys Head Rd, Fähre ab Circular Quay und private Fährdienste (s. S. 120), www.taronga.org.au, geöffnet: tägl. 9.30–16.30/17 Uhr, Eintritt: 46 $

Pinie aus der Kreidezeit. Es ist ein lebendes Fossil, das die Nadelbaumfamilie Araucariaceae repräsentiert, die 1994 in einer tiefen, sehr feuchten und geschützten Schlucht im Wollemi National Park, ca. 200 km nordwestlich von Sydney, entdeckt wurde. Das **Tropical Centre** ist **derzeit geschlossen,** soll aber im Juni 2016 komplett saniert und mit neuem Konzept anlässlich des 200. Geburtstags des Botanischen Gartens wiedereröffnet werden.

Im nicht öffentlich zugänglichen **National Herbarium of NSW** gibt es eine Sammlung von über 1,2 Millionen getrockneten Pflanzen, darunter auch solche, die von dem Botaniker Sir Joseph Banks 1770 in Botany Bay zusammengetragen wurden, als James Cook die Ostküste Australiens entdeckte (nach Banks ist auch die Banksia-Blume benannt). Im Gartenabschnitt **Rare and Threatened Plants** findet man seltene und bedrohte Pflanzenarten.

> **Royal Botanic Gardens,** Mrs Macquaries Rd, Sydney Trains: Circular Quay, Alfred St, und alle Fähren zum Circular Quay, geöffnet: tägl. 7 Uhr bis Sonnenuntergang (je nach Jahreszeit 17, 17.30, 18, 18.30, 19.30 oder 20 Uhr). Beim Palm Grove Centre startet die kostenlose 1½-stündige Führung: tägl. 10.30 Uhr, März–Nov. Mo.–Fr. auch einstündige Führung um 13 Uhr. Hier startet auch jeden Fr. um 10 Uhr die 1½-stündige Aboriginal Heritage Tour (38 $, reservierungspflichtig, Tel. 92318134 oder www.aboriginalheritage.eventbrite.com). Shop: 9.30–17 Uhr (Juni/Juli nur bis 16.30 Uhr). Fernery und Succulent Garden: 9–16.30 Uhr, Eintritt: frei. Wenn das Wetter es zulässt, fährt zwischen dem Eingang beim Opernhaus und dem Botanic Gardens Cafe der Choo Choo Express, ein Minizug auf Rädern, hin und her (10 $, Okt.–Apr. tägl. 10–16.30 Uhr, Mai–Okt. Mo.–Fr. 11–16, Sa./So. 10–16.30 Uhr, Abfahrt alle 30 Min.).

⑬ Government House und Conservatorium of Music ★ [F2]

Das **neogotisch angehauchte Government House** entstand in den Jahren 1837 bis 1845 als Residenz und Regierungssitz des Gouverneurs von New South Wales. Der bereits 1816 durch Gouverneur Macquarie bei Kolonialarchitekt **Francis Greenaway** in Auftrag gegebene Plan zum Bau eines Gebäudes mit Burgzinnen war von der britischen Regierung als zu hochtrabend und kostspielig abgelehnt worden. Lediglich das in dem Plan enthaltene, stilistisch an Inveraray Castle in Schottland angelehnte Kutscherhaus und die Pferdeställe wurden gebaut und 1821 fertiggestellt. Sie inspirierten den englischen Architekt **Edward Blore**, der auch am Buckingham Palace in London mitarbeitete, aber bei der späteren Gestaltung des heutigen Government House.

Das Government House dient als offizielle Residenz des Gouverneurs von NSW und wird von diesem für offizielle Anlässe genutzt. Im Erdgeschoss gibt es aber eine außergewöhnliche **Sammlung von Möbeln und Dekorationsgegenständen,** die die Geschmäcker der Gouverneursfamilien widerspiegeln. Seit 1916 ist im ehemaligen Kutscherhaus das **Sydney Conservatorium of Music** untergebracht, das allerdings nicht für die Öffentlichkeit zugänglich ist.

> **Government House,** Royal Botanic Gardens, Mrs Macquaries Rd, Sydney Trains: Circular Quay, Alfred St, und alle Fähren zum Circular Quay, geöffnet: Fr.–So. 10.30–15 Uhr, alle halbe Stunde kostenlose 45-Minuten-Führungen. Man muss sich vor Besuch mit seinem Reisepass ausweisen und registrieren! Bei offiziellen Anlässen bleibt das Haus geschlossen (Tel. 92284111 oder www.governor.nsw.gov.au).

⑭ Mitchell Library und State Library ★★ [F3]

Die 1910 von **Walter Liberty Vernon** gebaute Mitchell Library betritt man durch große **bronzene Tore,** auf denen verschiedene Motive zu sehen sind: das Segelschiff „Endeavour" des britischen Kapitäns James Cook,

Kaffeepause im Treasury Building

Im **ehemaligen Schatzgebäude** von 1851 sollte man sich auf eine Tasse Kaffee oder eine Mahlzeit niederlassen. Gold und andere Wertsachen findet man hier nur noch im Hotelsafe, denn das wunderschön restaurierte Gebäude beherbergt heute das **Hotel InterContinental**.

Der ehemalige Innenhof wurde mit einer Glaskuppel überdacht und in den anmutigen, roten Sandsteinarkaden, die nunmehr Teil der Lobby sind, ist das **Cortile** untergebracht, wo man auf einen Kaffee, ein Frühstück oder ein Mittagessen einkehren kann.

Im Juli 2015 öffnete im obersten Stockwerk **The Supper Club**, eine edle Lounge, die jedoch nur für Hotel- und geladene Gäste zugänglich ist.

🕗8 [F2] **Cortile,** Hotel InterContinental, 117 Macquarie St, Sydney Trains: Circular Quay (Alfred St) und Martin Place, Tel. 92539000, geöffnet: 8–22 Uhr

der die Ostküste Australiens entdeckte, die Schiffe des Holländers Abel Tasman, der Tasmanien entdeckte, des berühmten Entdeckers Charles Sturt, der die Läufe der großen Flüsse erkundete, und des deutschen Auswanderers Ludwig Leichhardt sowie Szenen aus dem Alltagsleben der Aborigines. Ein wunderbares **Marmormosaik** der Brüder Melocco, das die Reise Abel Tasmans 1642 bis 1643 illustriert, schmückt den Fußboden im Foyer. Aber auch ein Blick in die Halle lohnt sich, denn sie hat eine wunderbare **Glasdachkonstruktion**, die die Verwendung von Kunstlicht bei Tage unnötig macht. Der **Portikus** mit seinen riesigen ionischen Säulen wurde im Übrigen erst 1942 von dem Architekten Cobden Parks angebaut.

Im Hauptgebäude der **State Library** nebenan werden die Dokumente und Karten der First Fleet aufbewahrt. Hier gibt es einen sehr guten Buchshop, in dem man viele Bücher über die australische Geschichte, Flora und Fauna etc. findet.

❯ **Mitchell Library,** Macquarie St, geöffnet: Mo.–Do. 9–20, Fr. 9–17, Sa./ So. 10–17 Uhr (So. nur Leseraum)

〉 **State Library,** Macquarie St, geöffnet: Mo.–Do. 9–20, Fr. 9–17, Sa./So. 10–17 Uhr, Shop: Mo.–Fr. 9–17, Sa./So. 11–17 Uhr. WLAN.

〉 Sydney Trains: Martin Place

⑮ Parliament House ★   [F3]

In der **früheren Chirurgenunterkunft** des heutigen **Sydney Hospital** ⑯ tagte ab 1829 der **Legislative Council** von New South Wales, weshalb nach und nach immer mehr Anbauten entstanden. Die Räumlichkeiten der Chirurgenunterkunft, die sich Chirurgen und Politiker jahrelang teilen mussten, wurden ab 1852 dann ausschließlich vom **Legislative Assembly** genutzt.

Passend zur Gründung des Zweikammerparlaments im Jahr 1856 wurde die interessante **Bear Pit** (Bärengrube) angebaut, wie die Zweite Kammer des Staatsparlaments genannt wird. Sie besteht aus vorgefertigten, gusseisernen Elementen, die extra aus Glasgow hergebracht worden waren. Wenn die **Zweite Kammer** tagt, wird der 7 kg schwere **Amtsstab** *(mace)* aus Gold und Silber im Wert von 700.000 $ auf den Tisch gelegt. Sonst wird er im Nebenzimmer aufbewahrt, wo man ihn während der Führung zu sehen bekommt.

〉 6 Macquarie St, Sydney Trains: Martin Place. Einstündige Führungen am ersten Donnerstag im Monat um 13 Uhr, sonst nur am Australia Day (26. Januar) und ANZAC Day (25. April), 10–17 Uhr für die Öffentlichkeit zugänglich.

◁ *Die lichtdurchflutete Mitchell Library: So macht das Lesen in alten Büchern Spaß.*

⑯ Sydney Hospital und The Mint ★   [F3]

Die Gebäude zwischen der Mitchell Library ⑭ und den Hyde Park Barracks ㉖ gehörten einst alle zum **Sydney Hospital**. Früher wurde es „**Rum Hospital**" genannt, weil Gouverneur Macquarie für den Bau keine Mittel aus London akzeptieren wollte, sondern stattdessen drei Geschäftsleuten im Gegenzug für den Bau das Exklusivrecht für den Import von 60.000 Litern Rum zusicherte.

Im 1816 errichteten Südflügel des alten Sydney Hospital wurde nach Beginn des Goldrausches im Jahr 1852 **The Mint**, die erste britische **Münzanstalt** außerhalb Großbritanniens, eingerichtet. Bis zur Gründung der neuen Münzanstalt des Commonwealth of Australia 1926 in Canberra wurden hier alle Münzen geprägt. Heute ist in dem Gebäude der Historic Houses Trust untergebracht. Viel zu sehen gibt es hier nicht, aber im Shop kann man altes Spielzeug, interessante Bücher und andere Nettigkeiten kaufen.

Das **Hauptgebäude** des Sydney Hospital von 1894 ist auch heute noch unverändert als Krankenhaus der City in Betrieb. Davor steht ein großes **Wildschwein aus Bronze.** Es ist eine Nachbildung von „Il Porcellino" in Florenz und soll wie dieses Glück bringen, wenn man ihm über die Nase reibt. Auf Höhe des Wildschweins kann man in den Innenhof des Krankenhauses gelangen, wo sich der neogotische **Florence Nightingale Wing** und ein kleines Café befinden. Der Gebäudeflügel wurde gemäß den Plänen von Florence Nightingale erbaut, die hier 1868 nach Australien geschickte Krankenschwestern unterbrachte. Davor steht der gusseiserne, gelbgrün lackierte Robert-Brough-Brunnen von

1907, der eine Gruppe typisch australischer Wasservögel zeigt: Brolgas und schwarze Schwäne.

❯ **The Mint,** 10 Macquarie St, Sydney
Trains: Martin Place, geöffnet: Mo.–Fr. 9–17 Uhr, Eintritt: frei

⑰ Martin Place ★★★   **[F3]**

Die Fußgängerzone Martin Place bietet opulente Architektur in historischen Bankgebäuden, ein Banknotenmuseum, den Glockenschlag vom Uhrenturm der historischen Hauptpost und zeremonielles Flaggenhissen am Kenotaph.

Der Martin Pl ist *der* Platz für Banker: Hier hat die 1928 eröffnete **Commonwealth Bank of Australia** in zwei opulenten historischen Gebäuden ihren Stammsitz. Bei dem Beaux-Arts-Gebäude 48 Martin Pl geleiten schwere, ornamentale Bronzetüren ins Innere, das mit einem Wald von neoklassizistischen Säulen aus grünem Scagliola (Stuckmarmor) und hohen Decken mit ornamentalem Stuck überrascht. Fotografieren ist in der Bank jedoch verboten!

Bunt gestaltete Banknoten mit historischen Darstellungen und Porträts führen den Besucher des relativ jungen **Museum of Australian Currency Notes** (s. S. 66) in der Reserve Bank of Australia durch die Geschichte des Landes. Dieses Schmuckstück unter den Museen in Sydney sollte man sich nicht entgehen lassen.

Der Martin Pl hat aber noch mehr interessante Gebäude zu bieten, für die man allerdings seinen Blick gen Himmel richten sollte. An der nördlichen Ecke zur Castlereagh St steht das **alte MLC-Gebäude** mit seinem kleinen Eckturm mit Art-nouveau-Verzierungen. Über dem Eingangsturm ist eine typische Arbeiterdarstellung zu sehen, darunter das Motto „Union is strength" („Gewerkschaft ist Stärke"). Blickt man zur York St hinunter, sieht man das bis in die 1960er-Jahre höchste Gebäude Sydneys, das **AWA Building** von 1939 mit seiner an das Design des Eiffelturms angelehnten, weißen Stahlantenne. Unübersehbar ist wohl auch das neuere 67-stöckige **MLC Centre** mit seinem futuristischen „Pilz"-Gebäude (direkt gegenüber dem alten MLC-Gebäude), das vom australisch-österreichischen Architekten Harry Seidler entworfen wurde, der als bedeutendster moderner Architekt Australiens gilt.

Das imposanteste Gebäude am Platz ist jedoch das **General Post Office (GPO)**, das von James Barnet entworfen und von 1866 bis 1891 gebaut wurde. Der Uhrenturm des ehemaligen Hauptpostamts läutet wie Londons Big Ben mit Glockenschlag und Melodie (bis 21 Uhr, danach ist Ruhe, damit die Hotelgäste im The Westin schlafen können). Der Gebäu-

EXTRATIPP

Pinctada Maxima

Vor der Küste von Broome in Western Australia kultiviert man in der seltenen Auster Pinctada Maxima **exquisite Südseeperlen.** Am Martin Pl kann man prachtvolle Exemplare im **Juweliergeschäft Paspaley** bewundern. Das Geschäft geht auf den Perlentaucher Nicholas Paspaley zurück, der 1932 im Alter von nur 18 Jahren bereits sein eigenes Schiff unterhielt, um nach Muscheln für die Perlmuttknopfherstellung zu tauchen.

🏠 **9** [E3] **Paspaley,** 2 Martin Pl, Sydney Trains: Martin Place, geöffnet: Mo.–Mi., Fr. 10–17.30, Do. bis 19.30, Sa. 10–16, So. 11–15 Uhr, www.paspaley.com

dekomplex wurde 1996 verkauft und aufwendig restauriert. Im ehemaligen Innenhof, der nun von einem Glasdach abgedeckt ist, findet man unter reich verzierten und teils vergoldeten hohen Decken Cafés, Restaurants, Bars, exklusive Geschäfte und das **The Westin**. In der Lobby dieses edlen Hotels kann man das eindrucksvolle, 4 x 32 m große Ölgemälde „The Spirit of Sydney" und drei „tanzende" Bronzefiguren des 2001 verstorbenen Sydneysider Malers Frank Hodgkinson bewundern.

Am George-St-Ende des Martin Pl fallen die Bronzeskulpturen von australischen Soldaten am **Kenotaph** ins Auge. Hier wird einmal im Jahr am ANZAC Day (s. S. 89) im Morgengrauen ab 4.30 Uhr der traditionelle **Dawn Service** zur Erinnerung an die australischen und neuseeländischen Gefallenen des Ersten Weltkriegs (und anderer Kriege) abgehalten. Im Anschluss an die Kranzniederlegung marschieren die Veteranen durch die Stadt, was jährlich von Zehntausenden Zuschauern entlang der Straßen gewürdigt wird. Im Anschluss spielen die Veteranen in den Cafés und Pubs der Stadt das traditionelle „Two-up", ein Münzwurfglücksspiel, das ansonsten illegal ist.

❯ Sydney Trains: Martin Place

⑱ Pitt Street Mall ★★★   [E4]

Das Einkaufszentrum der Innenstadt zieht sich von Chinatown die George St entlang bis The Rocks, aber das Kerngebiet bildet die Fußgängerzone Pitt Street Mall mit ihren Seitenstraßen.

Hier reiht sich ein Shoppingcenter ans nächste. 2010 eröffnete **Westfield Sydney** (s. S. 83), in dessen 5. Stock sich der angesagteste Foodcourt der Stadt befindet.

Als Kontrast zum Mainstream-Schick für alle Preisklassen im Westfield sollte man **The Strand Arcade** (s. S. 83) besuchen, eines der schönsten Überbleibsel des viktorianischen Sydney mit seinen wunderschönen, schmiedeeisernen Balkonen und einer Glaskuppel im neoklassizistischen Stil. Das Einkaufszentrum stammt aus dem Jahr 1891 und wurde in einem Feuer 1976 fast zerstört, dann jedoch von den ansässigen Geschäftsinhabern restauriert. Hier findet man im ersten und zweiten Stock Boutiquen australischer Modedesigner.

Mit Westfield Sydney verbunden sind Häuser der beiden australischen Warenhausketten **Myer** (s. S. 83) und **David Jones** (s. S. 82). Myer wurde durch den russischen Einwanderer Sidney Myer 1900 in Melbourne gegründet und das erste David-Jones-Geschäft wurde 1838 von dem walisischen Einwanderer David Jones eröffnet. Als Queen Elizabeth II. 1954 als erste britische Monarchin ihren Fuß auf australischen Boden setzte, fand das Staatsbankett zu ihren Ehren im ehemaligen Restaurant im 7. Stock des David-Jones-Gebäudes statt.

❯ Sydney Trains: Martin Place oder QVB

⑲ Sydney Tower Eye ★★   [E4]

Über dem Westfield Sydney (s. S. 83) thront das 305 m hohe Sydney Tower Eye, **der höchste Punkt Sydneys.** Der in das Einkaufszentrum integrierte Turm wird von **56 Stahlseilen** stabilisiert, die auf dem Dach verankert sind und jeweils sieben Tonnen wiegen. Im Turm selbst sorgt ein **Tank mit 162.000 Litern Wasser** dafür, dass der 2239-Tonnen-Riese auch jedem Wind standhält.

032sy Abb.: eg

Wer schwindelfrei ist, kann von der **Aussichtsterrasse** auf 250 Metern Höhe bei gutem Wetter eine fantastische 360-Grad-Aussicht bis zu den Blue Mountains oder zum südlichen Woollongong genießen. Wer mehr Spannung braucht, kann in 268 m Höhe an einem 45-minütigen Spaziergang über eine Glasbodenplattform (**Skywalk**) teilnehmen, bei dem man in Gruppen, mit Spezialkleidung und mit Karabinern gesichert, rund um die Spitze des Turms wandert. Insbesondere bei Sonnenuntergang bietet sich hier ein wahrer Augenschmaus.

Wer auf diesen Nervenkitzel lieber verzichten möchte, kann auch im 360 Bar and Dining oder im Sydney Tower Buffet speisen, den beiden sich um sich selbst drehenden Restaurants oben im Turm.

❯ Sydney Tower Eye, Westfield Sydney, Zugang zum Lift im 5. Stock (Foodcourt), 100 Market St, www.sydneytowereye. com.au, Sydney Trains: Martin Place oder QVB, geöffnet: tägl. 9–21.30 Uhr (Apr.–Okt.), 9–22 Uhr (Okt.–Apr.), Zutritt bis eine Stunde vor Schließungszeit, Eintritt zum Observation Deck: 19–27 $, zum Skywalk: 50–70 $. 360 Bar and Dining (à la carte ab 38 $ für ein Hauptgericht, www.360dining.com.au) und Sydney Tower Buffet (Büffet, 55–85 $, je nach Tag und Zeit), Rezeption im 4. Stock (Lift von dort zum Restaurant), Tel. 82233883.

🄳 Queen Victoria Building (QVB) ★★★ [E4]

Das Queen Victoria Building ist eine wahre Königin unter den Einkaufszentren: Es bietet vier Stockwerke mit alten Buntglasfenstern, für den Art déco typischen, halbrunden Fenstern und gusseisernen Balustraden. Fertiggestellt wurde das Gebäude zu Ehren von Queen Victoria im Jahr 1898. Die Statue vor dem Gebäude am Park-St-Ende stellt denn auch die Königin dar.

1959 sollte das Gebäude abgerissen werden, doch zum Glück wurde das verhindert und das Haus stattdessen **restauriert.** Heute präsentiert sich das „königliche" Einkaufszentrum mit zahllosen **Geschäften** und **Cafés,** die sich auch unterirdisch bis zum Warenhaus Myer (s. S. 83), zur Pitt Street Mall 🄳 sowie zu den Sydney-Trains-Bahnhöfen „Town Hall" und „Galeries Victoria" ausdehnen.

Im obersten Geschoss des QVB sollte man **zwei kitschige Uhrwerke** betrachten: zum einen die Royal Clock, die von 9 bis 21 Uhr stündlich läutet wie die Glocken der Londoner Westminster Cathedral und dazu mit einer Art Puppenspiel einschneidende Ereignisse der britischen Ge-

⬒ *Das Einkaufszentrum Westfield Sydney (s. S. 83) wird vom Sydney Tower Eye überragt*

Rosa Diamanten

In den **Kimberley Ranges** im Norden Western Australias gibt es die **größte offene Diamantmine der Welt**, in der man die extrem seltenen **rosa Diamanten** findet! Nur 80 von einer Million Diamanten haben diese Farbgebung. Am Martin Place  kann man bei der australischen Schmuckdesignerin **Nicola Cerrone** eine Kollektion mit rosafarbenen Diamanten bewundern. Fündig wird man auch bei **Linneys** (3. Stock, Westfield Sydney) und bei Schmuckgeschäften im **QVB** ❷⓪ (1. Stock: Vollé, 2. Stock: Lovelle Jewellery und Opal Fields).

033sy Abb.: eg

schichte vorführt, und zum anderen die zehn Meter hohe und vier Tonnen schwere Great Australian Clock, die in 33 Szenen einen Teil der Geschichte Australiens darstellt.

> 455 George St, Sydney Trains: QVB, www.qvb.com.au, geöffnet: Mo.–Mi., Fr./Sa. 9/10–18, Do. bis 21, So. 11–17 Uhr (spätere Öffnungszeit gilt für 1./2. Stock). Am Informationsstand im Erdgeschoss unter der Hauptkuppel kann man eine 45-minütige Führung durch das Gebäude buchen (Tel. 92649209): Di., Do. und Sa. um 11.30 Uhr, Kosten: 15 $.

❷❶ Town Hall ★   [E4]

Die Town Hall im französischen Neorenaissance-Stil von 1881 wurde zum hundertjährigen Jubiläum Australiens fertiggestellt. Das Foyer gilt als eines der besten Beispiele für viktorianische Stuckarbeit in Australien. In seiner Mitte prunkt ein ca. 380 kg schwerer Kronleuchter.

In der Town Hall befindet sich eine neoklassizistische Konzerthalle von 1889 mit einer Decke aus gepressten Metallelementen, die dem Spiel einer

der größten Orgeln der Welt (25 m breit, 8000 Pfeifen) standhalten sollte. Hier werden noch immer Konzerte aufgeführt und im Anschluss an ein Konzert kann man an einer Führung durch das Gebäude teilnehmen (5 $).

> 483 George St, Sydney Trains: Town Hall, www.sydneytownhall.com.au (siehe „What's On" für Konzerttermine). WLAN in der Bibliothek.

❷❷ Hyde Park und ANZAC Memorial ★★   [F5]

Der Hyde Park ist ein beliebter Ort für die Mittagspause. Man setzt sich einfach ins Gras, genießt die frische Luft, die Sonne oder den Schatten der Bäume und schaut den weißen Ibissen mit ihren langen, schwarzen, krummen Schnäbeln zu, die überall im Park nach Essensresten Ausschau halten.

◹ *Das Queen Victoria Building mit seinen Art-déco-Elementen ist nicht nur für Shoppingfans ein Erlebnis*

Im Nordteil des Hyde Park sprudelt der **Archibald-Brunnen,** der 1932 im Andenken an den Ersten Weltkrieg vom französischen Bildhauer François Sicard gebaut wurde und ein beliebtes Fotomotiv darstellt. Hier befindet sich auch der Eingang zum Sydney-Trains-Bahnhof „St James". Innen glaubt man sich bei Betrachtung der originalen, grünen Keramikfliesen an den Wänden, der gusseisernen Ornamente und alten Uhren in die Art-déco-Ära zurückversetzt. Charmant ist auch die alte Leuchtreklame aus den 1930er-Jahren für Chateau Tanunda Brandy (ein Weingut in South Australia). Unterhalb des Hyde Park befinden sich übrigens auch mehrere nicht fertiggestellte U-Bahn-Schächte, die u. a. während des Zweiten Weltkriegs als Bunker genutzt wurden.

Im Südteil des Parks liegt das **AN-ZAC Memorial.** Die Gedenkstätte von 1934 im Art-déco-Stil thematisiert in einer kleinen kostenlosen Ausstellung alle neun kriegerischen Konflikte mit australischer Beteiligung zwischen 1885 und 1972. Hier endet alljährlich am 25. April die AN-ZAC-Day-Parade, die im Morgengrauen um 4.30 Uhr mit einer Zeremonie am Kenotaph am Martin Place **17** beginnt.

Auffallend sind die überdimensionierten **Patronenhülsen,** vier stehend und eine liegend, die stellvertretend für die überlebenden und die gefallenen Aboriginals und Torres Strait Islander stehen, die für Australien im Krieg waren. Die „Yininmadyemi – Thou didst let fall" genannte Installation des Aboriginal-Künstlers Tony Albert wurde 2014 enthüllt.

An der Kreuzung von Bathurst St und Elizabeth St trifft man im Hyde Park auf einen ägyptisch anmutenden **Obelisken.** Er markiert die höchste Stelle des Abwassersystems der Stadt. Ende 2014 wurde er von ACON, einer örtlichen AIDS-Hilfe-Organisation, als Teil einer HIV-Aufklärungskampagne mit einem riesigen pinken Kondom überzogen.

> **ANZAC Memorial,** Hyde Park, Sydney Trains: Railway Station, www.anzacmemorial.nsw.gov.au, geöffnet: tägl. 9–17 Uhr, Eintritt: frei

23 **Australian Museum** ★★★ **[F5]**

Das älteste Museum Australiens beherbergt eine interessante Sammlung zur Natur- und Kulturgeschichte des Landes mit Schwerpunkt auf der australischen Fauna und der Geschichte der Aborigines.

Im Erdgeschoss des im georgianischen Stil entworfenen Sandsteingebäudes findet man die sehenswerten **Aboriginal and Torres Strait Collections,** in denen ein Teil der Sammlung von rund 40.000 ethnografischen Objekten und einer Million archäologischen Artefakten aus den Kulturen der Aborigines und Torres Strait Islanders ausgestellt wird. Hervorragend ist auch die naturgeschichtliche Sammlung mit **ausgestopften australischen Wirbeltieren.** Wer keine ausgesprochene Spinnenphobie hat, sollte sich von der Sammlung mit präparierten australischen Spinnen und anderen wirbellosen Tieren faszinieren lassen. Ein weiterer Hingucker ist die **Sammlung von Mineralien und Kristallen,** insbesondere die Albert Chapman Mineral Collection im 1. Stock.

▷ *Der Hyde Park mit Blick auf die St Mary's Cathedral und den Archibald Fountain ist ein beliebter Ort zum Ausspannen*

**Akuter Hunger?
Auf nach Little Italy!**

Hinter dem Australian Museum erstreckte sich auf der Stanley St [F/G5] einst Sydneys erstes „Little Italy". Heute sind hier noch immer **italienische Restaurants** angesiedelt, aber es gibt auch kleine **japanische Nudelbars**. Hier kann man gut und preiswert zu Mittag essen.

❯ 6 College St, Sydney Trains: Museum, www.australianmuseum.net.au, geöffnet: tägl. 9.30–17 Uhr, Eintritt: 15 $. WLAN.

㉔ St Mary's Cathedral ★★★ [F4]

Die katholische St Mary's Cathedral von 1868 ist das größte Sandsteingebäude Australiens. In der Krypta gibt es ein aus Marmor und Terrazzo kreiertes Mosaik der Brüder Melocco in der Form eines keltischen Kreuzes, das die Schöpfungsgeschichte darstellt.

Die Fertigstellung des Mosaiks dauerte 16 Jahre – von 1930 bis 1946 – und es ist teilweise inspiriert vom **Stil des Book of Kells,** einem überragenden Beispiel der Buchmalerei, das heute in Dublins Trinity College zu sehen ist.

Der **Turm der Kathedrale** aus dem Originalentwurf des Architekten William Wilkinson Wardell wurde erst im Jahre 2000 anlässlich der Olympischen Spiele fertiggestellt.

Am Nordende der Kathedrale befindet sich im Gebäude mit der Adresse 1 Prince Albert St das Department of Lands. Die schöne Sandsteinfassade des Hauses ist einen Blick wert.

❯ St Mary's Rd, Sydney Trains: St James, geöffnet: tägl. von ca. 7 bis ca. 19 Uhr (vor und nach Messezeiten)

㉕ St James' Church und Supreme Court ★★ [F4]

Der Architekt Francis Greenway entwarf die heutige anglikanische St James' Church **ursprünglich als Gerichtsgebäude,** aber in England fand man die Pläne des Architekten und des Gouverneurs Macquarie zu hochtrabend für eine Strafgefangenenkolonie. So mussten Strafgefangene 1819 bis 1824 stattdessen eine Kirche bauen und ein geplantes Schulgebäude wurde 1824 zum NSW Supreme Court, beide in **kolonialen georgianischen** Stil. Die **Portale** der St James' Church wurden später vom Architekten John Verge angebaut. Die Kirche ist heute das älteste, noch als Kirche genutzte Gotteshaus in Sydney. In der Krypta sollte man in der sogenannten **Children's Chapel** einen Blick auf die ornamentalen **Wandmalereien** werfen, die 1929 von der Turramurra Wall Painters Union erstellt wurden, einer von Ethel Anderson gegründeten Gruppe von modernen Wandmalerei-Künstlern aus dem Ort Turramurra in New South Wales.

Das **Gerichtsgebäude** ist noch immer Bestandteil des Gerichtshofs

034sy Abb.: eg

von NSW und daher nicht von innen zu besichtigen.

❯ **St James' Church,** 173 King St, Sydney Trains: St James, www.sjks.org.au, geöffnet: Mo.–Fr. 10–16, Sa. 9–13, So. 7–16 Uhr, Konzerte (Orgel, Kammermusik, Chor etc.): Mi. 13.15–13.45 Uhr

26 Hyde Park Barracks ★★★ [F4]

Die Barracks sind ein bedeutendes Beispiel für georgianische Architektur und wurde unter der Leitung von Francis Greenway 1819 als Unterkunft für die Strafgefangenen gebaut.

Bis zur Fertigstellung der Hyde Park Barracks wurden die Strafgefangenen nicht eingesperrt, weil **der Busch als natürliche Begrenzung** im Prinzip genügend Abschreckung gegen das Weglaufen bot. Jedoch war es auf den Straßen Sydneys dadurch nachts nicht sonderlich sicher.

Einmal fertiggestellt übernachteten im Hauptgebäude der Hyde Park Barracks in zwölf Räumen **600 Männer** in Hängematten. Tagsüber arbeiteten sie auf diversen Baustellen in Sydney und abends kehrten sie für eine Mahlzeit und die Nachtruhe in die Baracken zurück. 1848 stellte man den Transport von Strafgefangenen aus England ein.

Die ehemaligen Baracken beherbergen nun ein ausgezeichnetes **Museum,** das u. a. die **Geschichte der Strafgefangenen,** die Rolle der Aborigine-Polizisten, Schicksale weiblicher Strafgefangener und die Leistung des Kolonialarchitekten Francis Greenway thematisiert.

❯ Queens Sq, Sydney Trains: St James, http://sydneylivingmuseums.com.au/hyde-park-barracks-museum, geöffnet: tägl. 10–17 Uhr, Eintritt: 10 $. Es ist eine deutschsprachige Audio-Tour erhältlich und es gibt kostenlose 45-minütige Führungen.

27 Art Gallery of NSW und Yiribana Gallery ★★★ [G3]

Die Art Gallery of NSW ist ein Muss für alle Kunstinteressierten und bietet Einblick in die künstlerischen Werke Australiens.

Die sehenswerte Sammlung umfasst **moderne australische Kunst,** aber auch Landeskunst aus dem **19. und 20. Jh.** Die Yiribana Gallery ist speziell der **Kunst und Kultur der Aborigines** und **Torres Strait Islanders** gewidmet. Zum Verständnis der Aboriginal-Kunst lohnt sich die Teilnahme an der kostenlosen, einstündigen „Aboriginal art guided tour" (tgl. 11 Uhr).

Darüber hinaus gibt es aber auch noch eine Sammlung **europäischer und asiatischer Kunst.** Das alles verbirgt sich hinter einer **klassisch-eleganten Fassade** am Rand der Parkanlage The Domain. Einige Gebäudeteile wurden nach Entwürfen von Walter Liberty Vernon zwischen 1896 und 1909 gebaut. Der Bau blieb aber lange Zeit unvollendet, erst 1968 und 1988 wurden die fehlenden Elemente unter der Leitung des Architekten Andrew Anderson hinzugefügt.

❯ **Art Gallery of NSW,** Art Gallery Rd, The Domain, Sydney Trains: St James, www.artgallery.nsw.gov.au, geöffnet: tägl. 10–17, Mi. bis 22 Uhr, Eintritt: frei (ausgenommen Sonderausstellungen), diverse kostenlose Führungen, unter anderem zu den Highlights der australischen Sammlung: „Australian collection guided tour", tgl. 14 Uhr. WLAN. Das Fotografieren der Exponate von Aborigines ist übrigens strengstens verboten!

❯ Die App **Art Gallery NSW** hält aufschlussreiche Kommentare des Kurators zu einzelnen Kunstwerken bereit, die das Verständnis für australische Kunst fördern (kostenlos für iOS und Android).

Chinatown und Darling Harbour

Darling Harbour mit Sea Life Aquarium **35** *, Wild Life Zoo* **36** *, Maritime Museum* **37** *, Hafenrundfahrten, Powerhouse Museum* **32** *, Madame Tussauds, Imax-Kino und familienfreundlichem Spielplatz ist ein modernes Freizeitareal. Am Abend wird auf den Terrassen der Restaurants mit Blick auf Darling Harbour gespeist und in den vielen Nachtklubs Musik und Tanz zur Unterhaltung geboten.*

28 Central Railway Station ★★ [E6]

Am Hauptbahnhof kommen täglich Tausende Sydneysider an, die zum Arbeiten in die City fahren. Das Schönste am Bahnhof ist der fast 86 m hohe **Uhrenturm** aus dem Jahr 1921, aber auch die **Ankunftshalle** in dem **Neorenaissancegebäude** von 1906 ist einen Blick wert. Es gibt darin ein kleines **Museum zur Geschichte der Zugfahrt in Australien**. Das **Terrazzo-Mosaik** in Form einer Australienkarte von den Gebrüdern Melocco, das sich auf dem Fußboden im Café Bakehouse in der großen Halle für die Country Trains befindet, kann man leider durch die Sitzgelegenheiten des Cafés nicht mehr so leicht bewundern.

Auf dem sogenannten „Gleis Null" gibt es die **Jugendherberge Railway Square YHA** (s. S. 125) mit Zimmern in alten Zugwaggons und in einem historischen Gebäude von 1905.

❯ Eddy Ave, WLAN, Sydney Trains: Central, Light Rail: Central

29 Central Park ★★ [D7]

Unweit des Hauptbahnhofs liegt der 2013 eröffnete Central Park, eine kleine **Grünanlage** auf dem ehemaligen Gelände der Kent- bzw. Tooth's-Brau-

erei, wo es regelmäßig den **Brewery Yard Market** gibt, einen netten Kunsthandwerksmarkt mit Livemusik (1. und 3. So. des Monats, 10–16 Uhr).

Das Areal wird von einem ungewöhnlichen, ganz und gar bepflanzten Hochhaus (**One Central Park**) des Stararchitekten Jean Nouvel überragt. Abgesehen von der Bepflanzung der Fassade mit 250 verschiedenen australischen Arten, ist die von Weitem sichtbare **Heliostat** sehenswert. Diese horizontale Auskragung hat vierzig motorbetriebene Spiegelflächen, die je nach Tageszeit die optimale Lichtmenge auf den öffentlichen Raum darunter leiten. Bei Dunkelheit schaltet sich eine **LED-Installation** des Künstlers Yann Kersalé mit 2880 programmierten farbigen LEDs an, wodurch sich der Himmel in eine Art Feuerwerk zu wandeln scheint.

Der Heliostat sorgt auch für besonderes Licht in den Geschäften, Restaurants und Cafés in den unteren Etagen des Hochhauses, wo vor allem ausländische Studenten gern gut und bezahlbar essen gehen. Aufgrund der Nähe zu Chinatown findet man hier vor allem asiatische Küche, aber auch typisch lateinamerikanisches *Churrasco* (verschiedene gegrillte Fleischspießchen).

Im Park selbst fällt die riesige kinetische Skulptur **„Halo"** (Heiligenschein) ins Auge, die ausschließlich durch Wind in Bewegung gebracht wird. Für die Entwicklung des hochtechnisierten Windspiels, dessen Form und Bewegung an die auf Metallringen rollenden Bierfässer auf dem ehemaligen Brauereigelände erinnern sollen, brauchten die australischen Künstlerinnen Jennifer Turpin und Michaelie Crawford drei Jahre.

Ein Spaziergang durch die **Kensington Street** mit ihren typisch viktoria-

Events in Chinatown

🏠10 [E5] **Chinatown Night Market,** Little Hay St, Dixon St Mall und Haymarket, geöffnet: Fr. 17–22 Uhr, www.chinatownmarkets.com.au. Beliebter Nachtmarkt mit über 60 Straßenständen mit Krimskrams und chinesischen Leckereien.

❯ Jährlich gibt es zum **chinesischen Neujahrsfest** nach dem Mondkalender einen mehrtägigen Markt, begleitet von einer Woche Veranstaltungen in Chinatown und Darling Harbour wie der **New Year Parade** von Town Hall nach Chinatown und einem **Drachenbootrennen** in Darling Harbour.

nischen Stadtwohnungen am Rande von Central Park bietet noch mehr Möglichkeiten zum Eintauchen in die lebhafte Café- und Barkultur Sydneys. Besonders auffällig ist das sanierte **Pubhotel The Clare,** in dem früher die Angestellten der Brauerei nach getaner Arbeit ein- und ausgingen und wo es seit 2015 wieder Hotelzimmer und edle Restaurants gibt.

☑ *Oase der Beschaulichkeit: der Chinese Garden of Friendship*

30 Chinatown ★★ [E5]

Vor gut 100 Jahren ließen sich die ersten Chinesen in dem Viertel rund um die Dixon St nieder. Heute sind hier immer noch die meisten chinesischen Restaurants und Geschäfte zu finden und alljährlich wird das chinesische Neujahrsfest mit Drachenparaden gefeiert.

Rund um die Dixon St kann man hervorragend **chinesisch essen gehen.** In den Parallelstraßen bis zur Castlereagh St findet man vor allem chinesische Imbissstuben und japanische, vietnamesische, koreanische sowie Thai-Lokale. Wenn man nicht an einer asiatischen Mahlzeit interessiert ist, sollte man dennoch einen Rundgang durch das Viertel machen und die **Atmosphäre** auf sich wirken lassen. Hier erlebt man hautnah wie **multikulturell** die australischen Großstädte sind.

❯ Sydney Trains: Central, Light Rail: Capitol Square Market und Paddy's Markets

Wer Architektur liebt, sollte sich die „Paper Bag" (Papiertüte) des Stararchitekten **Frank Gehry** am Rande von Chinatown gleich hinter den Paddy's Markets (s. S. 84) nicht entgegen lassen. Es ist die erste australische Kreation des u. a. für sein Guggen-

heim Museum in Bilbao berühmten Architekten, der für seine Vorliebe für organische Formen bekannt ist, die zugleich absurd als auch angenehm weich anmuten.

Für das Anfang 2015 eröffnete **Dr-Chau-Chak-Wing-Gebäude** der **University of Technology Sydney (UTS)** mussten 320.000 Backsteine sondergefertigt werden, um die runde Form zu erzielen. Die Sandsteinfarbe ist dabei eine Hommage an die Gründungsgeschichte der Stadt und bei der Gestaltung des Innenlebens hat Gehry sich nach eigener Aussage von Baumhäusern inspirieren lassen.

Leider kommen nur Studenten und Personal in den Genuss aller architektonischen Besonderheiten des Gebäudes, aber man kann es als Besucher zumindest von außen und in der Eingangshalle bewundern.

★11 [D6] **Dr Chau Chak Wing Building**, 14–28 Ultimo Road

㉛ Chinese Garden of Friendship ★★★ [D5]

Sydneys chinesischer Garten ist der größte außerhalb Chinas und wurde 1988 anlässlich der 200-Jahrfeier Australiens von der Stadt Kanton gestiftet.

In dieser **Oase inmitten der Hochhausriesen** kann man beste **chinesische Gartenarchitektur** mit Teichen, Wasserfällen und Gärten genießen. Am Eingang gibt es eine handgeschnitzte **Hochzeitskutsche aus Jade,** die mehr als 2 Tonnen wiegt und vermutlich aus der Provinz Kanton stammt.

Im Garten befindet sich außerdem ein typisches **Teehaus,** in dem man gemütlich eine Tasse Tee, Dim Sum, Gow Gee und gedämpfte Schweinefleischbrötchen, aber auch westliche Snacks genießen kann.

KLEINE PAUSE

Günstig shoppen und essen

Am Rande von Chinatown kann man auf den **Paddy's Markets** (s. S. 84) in einer unattraktiven Markthalle Billigkleidung und günstige klassische Souvenirs kaufen. Angenehm ist eine schnelle chinesische **Kopfmassage** für ca. 15 $ oder eine **Ganzkörpermassage** für 55 $.

Oberhalb der Paddy's Markets kann man im asiatischen Foodcourt des **Einkaufszentrums Market City** günstig asiatisch essen (Foodcourt Mo.–So. 10–21 Uhr).

❯ Darling Harbour, Sydney Trains: Central oder Town Hall, Light Rail: Paddy's Markets, geöffnet: tägl. 9.30–17 Uhr (April–Sept.), 9.30–17.30 Uhr (Okt.–März), Eintritt: 6 $

㉜ Powerhouse Museum ★ [D5]

Ein Tipp für Eltern mit (Schul-)Kindern: Das **ehemalige Elektrizitätswerk** aus dem Jahr 1899, das die Lagerhäuser und Fabriken in Darling Harbour sowie die Pyrmont-Brücke und alle Straßenbahnen mit Elektrizität versorgte, ist das **größte Museum der Stadt.** Es ist das Haupthaus des Museum of Applied Arts and Sciences (MAAS), wozu auch das Sydney Observatory ❸ gehört. Hier bekommt man die älteste Dampflokomotive der Welt zu sehen, lernt mehr über **technische Errungenschaften** der Neuzeit und modernes Produktdesign, über Licht, Elektrizität und Magnetismus, aber auch über die **Aborigines.** Außerdem gibt es regelmäßig Sonderausstellungen und für Kinder auch Theatervorführungen. Man sollte sich zwei bis drei Themengebiete aussuchen und diese Abteilungen gezielt besuchen, sonst wird es schnell zu viel.

> 500 Harris St, Light Rail: Exhibition Centre, geöffnet: tägl. 10–17 Uhr, Eintritt: 15 $. WLAN.

33 Cockle Bay ★★ [D4]

Ein Spaziergang entlang der ehemaligen Werften **Cockle Bay Wharf** und **King Street Wharf** (auf der Ostseite der Cockle Bay) mit ihren Restaurants und Bars empfiehlt sich, auch wenn man vielleicht nicht das Geld für eine „gehobene Mahlzeit" mit Hafenblick ausgeben oder in den Bars die Nacht durchmachen will.

Die Bucht ist einfach ein wundervolles Fotomotiv und lädt bei Tag und bei Nacht zum Schlendern ein. Der **Darling Harbour**, der die Cockle Bay und weitere Hafenbuchten zwischen Chinatown und Pyrmont umfasst, war einst einer der geschäftigsten Häfen Australiens, in dem die Industrie florierte und immer weitere Hafen- und Industrieanlagen gebaut wurden. Heute ist hier ein **modernes Freizeitareal** für Touristen und Einheimische glei-

chermaßen mit einem großen Angebot an Möglichkeiten zur Hafenrundfahrt, vielen Bars und Restaurants, dem **Wild Life Zoo 36**, dem **Sea Life Aquarium Sydney 35**, **Madame Tussauds 34**, einem IMAX-Kino, dem Sydney Convention und Exhibition Centre (Kongress- und Messegelände von Sydney) und dem Shoppingcenter Harbourside (s. S. 84) mit noch mehr Restaurants und Bars. Seit 2011 gibt es auch einen kostenlosen **Spielplatz**, der die 1988 vom Sydneysider Architekten Bob Woodward entworfenen **Wasserspiele** rund um den Tumbalong Park sinnvoll ergänzt.

Die Cockle Bay wird von der 369 m langen **Pyrmont Bridge** überspannt, die eine reine Fußgängerbrücke ist. Die Drehbrücke aus dem Jahre 1902 öffnet sich am Wochenende noch immer elektrisch für den Bootsverkehr. Entworfen wurde sie mit dem bekannten „Allan Truss"-System von Percy Allan, der in seiner Laufbahn 583 Brücken baute.

> Fähren nach Darling Harbour Terminal und Pyrmont Bay, LightRail-Bahnhof Pyrmont Bay

34 Madame Tussauds ★★ [D4]

2012 wurde in Darling Harbour die 13. Filiale des bekannten Londoner Wachsfigurenkabinetts Madame Tussauds eröffnet. Neben Berühmtheiten, die auch in anderen Niederlassungen zu bewundern sind, kann man hier auch australischen Persönlichkeiten wie Banjo Paterson, Henry Lawson, Ned Kelly, Donald Bradman, Rod Laver, Lane Beachley oder Mary MacKillop „persönlich" begegnen.

> Darling Harbour (direkt neben dem Aquarium und Wild Life Zoo), www.madametussauds.com/Sydney, tägl. 9.30–19 Uhr (letzter Zutritt 18 Uhr), Eintritt: 28–40 $

KLEINE PAUSE

Echter Burger gefällig?

Unter den Restaurants an King Street Wharf, Cockle Bay Wharf und Harbourside findet sicherlich jeder etwas Passendes. Wer allerdings Lust auf einen guten Burger hat, wird sich über die zehn verschiedenen, raffiniert garnierten Burger im Meat District Co. freuen. Es gibt australische Klassiker wie Surf ‚n' Turf (Rindfleisch und Shrimps) und Roo Burger (mit Kängurufleisch) ebenso wie edle Varianten des klassischen Cheeseburgers, Hotdogs oder Steaks.

📍12 [D3] **Meat Disctrict Co.**, 11 Lime St (King St Wharf), Tel. 92999762, www.meatdistrictco.com.au, tgl. 11.30 Uhr bis ca. 22 Uhr

㉟ Sea Life Aquarium Sydney ★★★ [D4]

Im Aquarium kommt man tropischen Fischen, Riesenschildkröten, Stachelrochen und vielen Haifischarten in gläsernen Tunneln ganz nah.

Wenn man keine Zeit hat, am Great Barrier Reef in Queensland oder bei Monkey Mia in Western Australia zu tauchen oder die Billabongs (große Teiche) im australischen Inland zu besuchen, ist dieses hervorragende Aquarium ideal, um einen Einblick in die **vielseitige Unterwasserwelt Australiens** zu erhalten. In den gläsernen Tunneln faszinieren große und kleine Wassergeschöpfe wie Seedrachen, Seepferdchen, Haie, Rochen oder Krokodile und in anderen Becken bekommt man das lustige Schnabeltier zu sehen, das wie eine kleine Kreuzung zwischen Ente und Biber anmutet. Insgesamt leben hier **650 Meerestierarten.** Man kann auch eine Bootstour zum Haie füttern buchen!

❯ **Sea Life Aquarium Sydney,** City-Seite von Darling Harbour, nördlich der Pyrmont Bridge, Sydney Trains: Town Hall, Fähren nach Darling Harbour Terminal, www.sydneyaquarium.com.au, geöffnet: tägl. 9.30–19 Uhr, Eintritt: 28/40 $ (online/Kasse). Täglich Fütterungen und Shows. Hai-Fütterungstour (11 Uhr) bitte vorab reservieren (inkl. Eintritt 49 $).

㊱ Wild Life Zoo ★ [D4]

Der Wild Life Zoo, der sich über fast 5000 m² auf drei Etagen erstreckt, beherbergt entlang einem 1 km langen Wanderpfad **rund 100 einheimische Tierarten** wie Kängurus, Koalas, Emus und tropische Schmetterlinge. Die Mitte 2011 neu gestaltete Anlage ist jedoch Geschmackssache, denn dieser Zoo ist **fast komplett überdacht und klimatisiert.** Man bekommt in der Tropenhalle bei 33 °C aber wunderbare Schmetterlinge und farbenfrohe Pythons zu sehen, die man im Taronga Zoo (s. S. 28) so nicht findet.

❯ **Wild Life Zoo,** Darling Harbour, Sydney Trains: Town Hall, Fähren zum Darling Harbour Terminal, www.wildlifesydney.com.au, geöffnet: tägl. 9.30–17 Uhr (April–Okt.), 9.30–18 Uhr (Okt.–April), Eintritt: 28/40 $ (online/Kasse). Halbstündlich Fütterungen oder Informationsveranstaltungen.

㊲ Australian National Maritime Museum ★★ [D4]

Das Museum wurde 1997 vom ehemaligen niederländischen Premierminister Wim Kok eröffnet. Diese Ehre wurde ihm zuteil, weil die Besatzung des holländischen Schiffes „Duyfken" die ersten Europäer waren, die den australischen Kontinent betraten und das Land New Holland tauften.

In diesem Museum gibt so viel zu sehen, dass man sich besser vorab ein paar Themen herauspickt, sonst kann es leicht zu viel werden. Erstaunlich ist die dokumentierte **Reise des Deutschen Oskar Speck,** der 1932 Deutschland über die Donau in einem 5,49 m langen Kanu namens „Sonnenschein" mit einem kleinen Segel verließ, um in Zypern Arbeit zu suchen, dann sieben Jahre weiterreiste und nach 50.000 km schließlich in Australien landete und sich einbürgern ließ. Außerdem gibt es eine Ausstellung über die **Expedition von Ernest Shackleton** zur Antarktis.

Vor dem Museum kann man u. a. das **Schlachtschiff HMAS Vampire,** das **U-Boot HMAS Onslow** der australischen Marine, eine Replik von Kapitän Cooks **HMB Endeavour** (wenn vor Anker) und die beiden Segelschiffe **James Craig** und **Duyfken** (wenn vor Anker) von innen besichtigen. Auf

036sy Abb.: eg

**Frisches Sushi und
die besten Fish & Chips**
Liebhabern von Fisch und Meeres-
früchten sei ein Lunch auf dem Sydney Fish Market mit Aussicht auf
die Blackwattle Bay und die ANZAC
Bridge empfohlen. Hier bekommt
man bei rund 20 Verkaufsständen
Sashimi, Sushi, frisch gegarte Rie-
sengarnelen, Hummer, die besten
Fish and Chips, Calamari, Austern,
Schnapper, Whiting, Barramundi,
Thunfisch etc. Frischer geht es nicht!
🔒13 [C4] **Sydney Fish Market,** Bank
St, Pyrmont, Light Rail: Fish Market,
geöffnet: tägl. 5/7–16 Uhr

der James Craig, einem restaurierten
Schiff von 1870 (1-tägige Törns, Buchung über Sydney Heritage Fleet,
s. S. 119) und der HMB Endeavour
(aufwändigere 5- bis 10-tägige Törns,
buchbar über das Museum) kann
man auch auf große Fahrt gehen.

An der Pyrmont Bay Wharf findet
man die 100 m lange, bronzene **Wel-
come Wall**, in die Hunderte von Namen von Menschen eingraviert wurden, die nach Australien emigriert
sind.

❯ 2 Murray St, Darling Harbour, Light Rail:
Pyrmont Bay, Fähren nach Pyrmont Bay,
geöffnet: tägl. 9.30–17 Uhr (Januar bis
18 Uhr), Eintritt: 7 $, Eintritt inkl. Besich-
tigung aller Schiffe: 27 $. Shop mit guter
Buchauswahl zu maritimen Themen und
Yots Café am Hafenufer. WLAN.

◁ *Das Cape Bowling Green
Lighthouse am Australian
National Maritime Museum*

Entdeckungen außerhalb des Zentrums

Die City mit ihren Wolkenkratzern und den historischen Gebäuden ist bei Weitem nicht alles, was Sydney zu bieten hat. Per Fähre oder Bus sollte man in jedem Fall die berühmten Surf- und Badestrände besuchen. Aber auch die stadtnahen Vororte bieten ein ganz besonderes Flair, denn hier sind z. B. die besten Märkte der Stadt zu finden, die australische Modeindustrie, Universitätskultur, eine Vielzahl an Ausgehmöglichkeiten und noch mehr interessante Sehenswürdigkeiten in traditioneller Architektur.

Inner East

Mit Inner East sind in diesem Buch vor allem die innerstädtischen Vororte **Kings Cross**, **Potts Point**, **Darlinghurst** und **Paddington** gemeint, die man zu Fuß oder schnell per Bus und Sydney Trains erreichen kann. Wenn man am Abend gern „über die Stränge schlägt", ist Kings Cross 🔟 nicht fern, das für sein großes Nightlife-Angebot mit berühmt-berüchtigtem Schmuddelimage bekannt ist. Die Stadt bemüht sich jedoch seit Jahren, die „Rotlichtszene" und die „Drogenszene" aufzuräumen, daher trifft man heute mehr auf gute **Nachtklubs und Diskotheken** als auf Bordelle und Sexklubs.

In Kings Cross und im benachbarten Potts Point befinden sich heute auch die meisten **Backpacker-Unterkünfte,** von denen viele von jungen Rucksackreisenden als Partyzentra-

len gerühmt werden, die jedoch nicht alle zu empfehlen sind. Die Oxford St im angrenzenden Darlinghurst kennt man als **Diskothekenmeile** und Heimat der **Schwulenszene,** während die gleichnamige Straße in Paddington von australischem **Modeglamour** dominiert wird, außerdem findet dort einer der schönsten **Märkte** der Stadt statt. Neben dem Nightlife-Angebot, den vielen Restaurants und Cafés gibt es in den innerstädtischen Vororten jedoch auch einige wichtige **historische Gebäude** aus der Kolonialzeit, die einen Besuch lohnen.

❯ ab Circular Quay (Alfred St) mit Bus 380 über Hyde Park (Elizabeth St), Oxford St (Darlinghurst und Paddington), auch von Campbell Pde in Bondi Beach aus erreichbar. Sydney Trains: Kings Cross oder Museum.

38 Elizabeth Bay House ★★ [H4]

Malerisch an der Elizabeth Bay in Potts Point gelegen gilt das Elizabeth Bay House als **schönstes koloniales Wohnhaus von Sydney.** Beim einstigen Anwesen des **Kolonialsekretärs**

037 sy Abb.: eg

▷ *Das Elizabeth Bay House gibt Einblick in das Leben des Kolonialsekretärs Alexander Macleay*

Alexander Macleay fasziniert auch heute noch die traumhafte Innenarchitektur des Architekten John Verge. Das 1835 bis 1839 erbaute Haus hat einen ovalen Salon mit einem ellipsenförmigen Treppenaufgang, bei dem jede Stufe aus einem massiven Stück Naturstein besteht, das auf einem in der Wand verankerten Träger ruht – eine meisterhafte Bauleistung und ein Augenschmaus! Das Gebäude ist weitgehend mit dem ursprünglichen Interieur der Macleays ausgestattet und gewährt einen umfassenden Einblick in das Leben der Familie. Alexander Macleay war ein passionierter Insektensammler und seine Tochter malte die Wildblumen

KLEINE PAUSE

Berühmter Imbiss

Das **Harry's Café de Wheels** vor den Toren des Marinehafens Bravo Base in Woolloomooloo ist über Sydneys Grenzen hinaus berühmt und machte hier schon in den 1940er-Jahren mit einem mobilen Imbisswagen Geschäfte. Heute gibt es hier alle Arten von *pies* und *pasties* (herzhaft gefüllte Küchlein und Teigtaschen). Am schnellsten erreicht man Woolloomooloo von der Victoria St **40** aus über einen der alten **Treppenaufgänge** wie der Zeit um 1870 wie die McElhone Stairs oder die Butler Stairs, von denen sich Sydneys Skyline außerdem gut ablichten lässt.

14 [G4] **Harry's Café de Wheels**, Cowper Wharf Rd, schräg gegenüber der Dowling St (neben dem Eingang zur Marinebasis), Woolloomooloo, Sydney Trains: Kings Cross, geöffnet: Mo./Di. 8.30–2, Mi./Do. bis 3, Fr./Sa. bis 4, So. bis 1, Sa./So. erst ab 9 Uhr

Australiens. Schade ist, dass die Fußböden seit einigen Jahen zum Schutz mit Tüchern abgedeckt sind.

❯ 7 Onslow Av, Potts Point, www.sydney livingmuseums.com.au, geöffnet: Fr.–So. 11–16 Uhr, Eintritt: 8 $

39 Kings Cross ★ [H5]

Der **El Alamein Fountain** des Sydneysider Architekten **Bob Woodward** wurde 1961 eingeweiht und ist den australischen Gefallenen der beiden Schlachten von 1942 bei El Alamein in Ägypten gewidmet. Rund um den Brunnen findet samstags von 7.30 bis 14 Uhr ein Bio-Markt statt. Es gibt aber auch immer schöne, nicht-essbare Dinge zu kaufen.

Am Platz rund um den Brunnen endet das betuchte Potts Point und hier beginnt mit der Darlinghurst Rd der Vorort **Kings Cross**, der an der William St endet. Alle Versuche der Stadtverwaltung, den Platz anders zu gestalten, werden von den Bewohnern abgeschmettert. Sie lieben ihr Kings Cross so wie es ist: mit **Schmuddelcharakter** und **Laissez-faire-Leichtigkeit**.

Besonders in den 1920er-Jahren war dieses Stadtviertel für seine vielen **Glücksspielkneipen** und **Bordelle** berühmt und berüchtigt. In den 1930er-Jahren zogen **Schriftsteller** und **Kunstschaffende** hierher, denn die Miete war günstig. Seit der Jahrtausendwende wurde das Stadtviertel zunehmend **gentrifiziert**, aber Drogensüchtige, Obachlose und Alkoholiker gibt es hier immer noch und auch die Bordelle und Nachtklubs sind rund um die Kellett St [H5] noch zu finden. In den Nachtklubs, Diskotheken, Bars, Pubs und Restaurants setzt man nun jedoch auf **Lounge-Schick**, edle Küche und Weltklasse-Innenarchitektur.

KLEINE PAUSE

Eiscremekünstler

Hier gibt es **hausgemachte sizilianische Eiscreme** und **Sorbets** mit ganz besonderen Geschmacksnoten. Himmlisch sind die Kombinationen „Pear & Rhubarb" (Birne und Rhabarber), „Salted Caramel & White Chocolate" (salziges Karamell und weiße Schokolade) oder Tiramisu.

🏠**15** [G5] **Gelato Messina,** 241 Victoria St, Darlinghurst, So.–Do. 12–23, Fr./Sa. 12–23.30 Uhr. Filiale in Bondi Beach, 61 Hall St., So.–Do. 12–23, Fr./Sa. 12–23.30, So. 12–22 Uhr.

Seit im Februar 2014 die sogenannten „**inner-city lockout laws**" in Kraft getreten sind, dürfen die Bar- und Nachtklub-Betreiber **ab 1.30 Uhr keine neuen Gäste** hereinlassen und **ab 3 Uhr keinen Alkohol** mehr verkaufen. Man will damit der Gewaltbereitschaft der stark alkoholisierten Gäste entgegenwirken. Seit Einführung des Gesetzes gibt es allein in Kings Cross 32 % weniger alkoholbedingte Übergriffe. Allerdings laufen den Nachtklubs und Bars durch dieses neue Gesetz die Gäste davon: Sie gehen einfach nach Bondi, Newtown oder Manly und machen dort dasselbe wie zuvor im der City. Die traurige Bilanz: Eine Reihe von Nachtklubs, die seit Jahren zu den Favoriten zählten, schlossen 2014 und 2015 für immer ihre Pforten. Welche am Ende noch übrig bleiben und was aus den Ausgehmeilen Kings Cross und Darlinghurst bei so viel Leerstand werden wird, bleibt abzuwarten. Im Februar 2016 werden die Politiker auf die zwei Jahre seit Einführung des Gesetzes zurückblicken und entscheiden, ob und wie das Gesetz in Kraft bleibt.

🔴40 Victoria Street ★★★ [H4]

Die elegante, baumgesäumte Victoria St, die durch Potts Point und Kings Cross 🔴39 führt, ist jederzeit einen kleinen Spaziergang wert. Durch den Einsatz einer Gruppe von Intellektuellen, die als Sydney Push bekannt wurde, sind viele Häuser aus der georgianischen und viktorianischen Ära der Zerstörung in den 1970er-Jahren entgangen, als Bauherren die Gebäude am liebsten durch moderne Hochhäuser ersetzt hätten, um dadurch zu Reichtum zu kommen.

In der Victoria St, der Challis Av [H3/4] und der Macleay St [H4] in Richtung El Alamein Fountain (s. S. 46) findet man eine Vielzahl an guten, schicken oder gemütlichen **Restaurants und Cafés.** Überquert man die William St in Richtung Darlinghurst, lohnt sich ein Blick auf die Fassade der ungewöhnlichen **Feuerwache** (Ecke Darlinghurst Rd, Victoria St und William St) aus dem Jahr 1910 von Walter Liberty Vernon mit ihrem bunten Mix aus verschiedenen Dachhöhen, Schwüngen, Kanten und Fensteranordnungen. Auf dem Abschnitt der Victoria St von der alten Feuerwache bis zur Burton St sind viele gute Restaurants, Cafés und Pubs zu finden. Weitere Lokale gibt es in der parallel verlaufenden Darlinghurst Rd, auf der man nach Kings Cross zurückgehen kann, wenn man nicht in Darlinghurst tanzen gehen möchte oder einen Ausflug zur Modemeile Oxford St 🔴44 in Paddington plant.

Interessiert man sich für modernes Design, sollte man einen Abstecher zum **Australian Design Centre** (s. S. 68) machen. 2015 wurde es annlässlich seines 50-jährigen Jubiläums umbenannt (früher „Object Gallery" in Surry Hills) und zog in die neuen Räumlichkeiten nach Darlinghurst um. Hier kann man ständig wechselnde Ausstellungen von sehenswerten zeitgenössischen australischen Designobjekten bewundern.

41 Golden Mile ⭐ [G6]

Gleich hinter dem Südende des Hyde Park beginnt entlang der Oxford St in Darlinghurst die „Golden Mile" (goldene Meile) oder das „Pink Precinct" (rosa Revier).

Hier ist das traditionelle **Herzstück der Schwulenszene** und das wurde in der Vergangenheit auch immer wieder von der Stadtverwaltung gewürdigt. Sie verzierte die Oxford St immer wieder einmal mit **Regenbogenfahnen.** Vor allem nachts tobte sich die Szene bis zur Einführung der *inner-city lockout laws* in den Bars und Klubs von Darlinghurst aus und besonders am Wochenende fanden sich ebenso gern die Heterosexuellen in den zahlreichen Nachtklubs ein. „Reine" Schwulenklubs gibt es hier aber auch (noch).

Leider kam es immer wieder zu nächtlichen Schlägereien zwischen stark alkoholisierten Gästen und daher versucht die Stadtverwaltung die **Gentrifizierung des Stadtviertels** u. a. durch das **Aufkaufen berüchtigter Pubs** voranzutreiben. Gegenüber dem auf diese Weise aufgekauften Taylor Square Hotel (Taylor Sq) findet samstags von 8 bis 13 Uhr der **Sydney Sustainable Market** mit Bio-Obst- und -Gemüseverkauf statt.

Um den alkoholisierten Ausschweifungen der Gäste einen Riegel vorzuschieben, wird u. a. in **Darlinghursts Klubs** ab 1.30 Uhr niemand mehr hereingelassen und um 3 Uhr schließen die Bars. Diese Order der Stadtverwaltung ist leider so effektiv, dass bis zu 25 % weniger Gäste kommen und bis zu 40 % weniger Gewinn gemacht wird. Gestandene, beliebte Adressen wie Trademark Hotel, Backroom, Flinders Hotel und Exchange Hotel haben alle im Laufe von 2015 geschlossen. Nur wenige Etablisse-

---

EXTRATIPP

Snack im viktorianischen Konzertpavillon

Gegenüber dem ehemaligen Darlinghurst Gaol 42 kann man im charmanten **Bandstand Cafe** auf zwei Etagen oder draußen gemütlich speisen und etwas trinken.

○16 [G5] **Bandstand Cafe**, Green Park (zwischen Darlinghurst Rd, Burton St und Victoria St), Darlinghurst, geöffnet: So.–Fr. 7–17 Uhr

038sy Abb.:

ments ändern ihr Konzept und bleiben, so das The Bourbon oder das Midnight Shift. Bei anderen wie dem Stonewall bleibt alles beim Alten.

Was von der Ausgehmeile Darlinghurst übrigbleiben wird, weiß man noch nicht: *Drag Queens,* Türsteher und Barpersonal etc. verlieren ihre Jobs. Das Bedürfnis nach **speziellen Gay-Klubs** hat in der modernen Zeit abgenommen. Schwul oder lesbisch etc. sein, ist in den australischen Städen „normal" geworden.

Zudem hat sich längst herumgesprochen, dass es in den **Vororten** Newtown, Erskineville oder Enmore das „Lock-out-Gesetz" nicht gibt. Auch **Bondi Beach** 🔟 und **Manly** (s. S. 61) werden von Feierwütigen, die den Hals nicht voll bekommen können, zunehmen als Alternative aufgesucht. Das Problem mit dem extremen Alkoholkonsum hat sich damit nur verlagert, wurde aber nicht gelöst.

Die **Lesbenszene Sydneys** ist übrigens nicht in einem bestimmten Stadtviertel daheim, sondern eher in bestimmten Kneipen oder bei bestimmten Veranstaltungen (s. S. 116).

42 Darlinghurst Courthouse und Darlinghurst Gaol ★ [G6]

Dorische Säulen aus Sandstein schmücken den Eingang des neoklassizistischen **Darlinghurst Courthouse von 1844** am Taylor Sq, das noch immer als Gerichtsgebäude in Betrieb ist und daher nicht von innen besichtigt werden kann. Folgt man der langen Sandsteinmauer hinter dem Gerichtsgebäude, kommt man zum ehemaligen Gefängnis **Darlinghurst Gaol,** das durch einen unterirdischen Tunnel mit dem Courthouse verbunden ist. Beide Gebäude wurden von dem Kolonialarchitekten Mortimer Lewis entworfen.

Die ersten **119 männlichen und 33 weiblichen Gefangenen** wurden 1841 in das unfertige Gebäude gebracht. Zu den berühmten Gefangenen zählt der Schriftsteller Henry Lawson, der mehrfach eingesperrt wurde, weil er den Unterhaltszahlungen an seine Frau nicht nachkam. 1889 wurde Louisa Collins am Galgen erhängt. Sie hatte zwei Ehemänner mit Arsen vergiftet und war die einzige Frau, die jemals hier exekutiert wurde.

Während des Ersten Weltkriegs hielt man hier ab 1914 **Kriegsgefangene** im Darlinghurst Gaol fest, darunter auch viele Deutsche. 1921 wurde das Gefängnis zu einer Technischen Schule umgebaut, die später zu den staatlichen TAFE-Schulen für technische und weitere Bildung gehörte. Heute ist hier die **National Art School** (**NAS**) untergebracht.

Von innen kann man die Gebäude nicht besichtigen, aber eine Wanderung über das Gelände des ehemaligen Gefängnisses ist interessant (zugänglich: Mo.–Fr. 9–17 Uhr). Der runde Turm in der Mitte beherbergte ursprünglich im ersten Stock eine Kapelle und im Erdgeschoss das Badehaus. Alle anderen Gebäude sind strahlenförmig um diesen Turm angeordnet.

❯ **Darlinghurst Gaol,** Eingang Forbes St zwischen Taylor Sq und Burton St

43 Victoria Barracks ★ [H6]

Erlesene Militärarchitektur von 1848 – so kann man die schönen Sandsteingebäude beschreiben, in denen auch heute noch eine Division der Australian Army stationiert ist. Von 1841 bis 1848 dauerte die Fertigstellung der Victoria Barracks, in denen die britische Armee untergebracht war, bis 1870 die Kolonialstreitkräfte von NSW ihre Aufgaben

039sy Abb.: eg

übernahmen. Von hier aus zogen australische Soldaten für die Briten nach Südafrika in den Burenkrieg.

Die Barracks sind das wichtigste, unveränderte Beispiel **georgianischer Architektur** in Sydney. Im ehemaligen Gefängnis auf dem Gelände ist das kleine **Army Museum of NSW** mit einer Ausstellung über die Militärgeschichte Australiens untergebracht.

> Oxford St, www.armymuseumnsw.com. au, geöffnet: Do. 10–13 Uhr im Rahmen einer Führung (Eingang am Wachhäuschen in der Moore Park Road, nicht länger an der Oxford St), Eintritt: frei

44 **Oxford Street und Paddington Markets** ★★★ [I7]

Australisches Prêt-à-porter dominiert die Mode- und Kunstmeile Oxford St in Paddington. Hier haben alle namhaften Designer und viele Newcomer ihre Boutiquen. Kunstgalerien sorgen außerdem für weiteren Augenschmaus.

Hier gibt es endlich mal nicht nur Ladenketten, sondern kleine **Boutiquen** mit Damen-, aber auch Herrenmode, Wohndeko, Körperpflegeprodukten und mehr. Entlang der Oxford St findet man an der Ecke zur Glenmore Rd im The Intersection einige der großen Namen der australischen Modewelt, darunter Willow, Alannah Hill, Sass and Bide und Zimmermann.

⌃ *In den Paddington Reservoir Gardens (s. S. 52) sind die Ruinen des einstigen Wasserreservoirs zu sehen*

⌃ *Märktstände auf den wundervollen Paddington Markets*

Weniger bekannte Designer bieten jeden Samstag auf den **Paddington Markets** ihre Stücke an. Auch Lisa Ho hat hier einst angefangen. Rund um die Paddington Village Uniting Church herrscht seit 1973 an 250 Ständen ein herrliches Marktgewirr mit Mode, Schmuck, Pflanzen, Büchern, Kunst, Keramik, Hüten, Massagen etc. Natürlich gibt es auch viele Essensstände für den Hunger zwischendurch.

Weitere exklusive Mode- und Schuhboutiquen wie The Corner Shop oder auch Ginger & Smart findet man in der William St bis zur Ecke Hopetoun St. In der Glenmore Rd und entlang der Oxford St gibt es überdies viele interessante **Kunstgalerien**. Interessierte sollten ihre Entdeckungsreise bis zur Queen St in Woollahra fortsetzen, wo das renommierte **Auktionshaus Sotheby's** eine Niederlassung unterhält (118–122 Queen St). Wenn man von hier über die Hopetoun St und die Broughton St weiterwandert, kommt man zum Five-Ways-Viertel, so benannt nach dem Zusammentreffen von fünf Straßen an einer Kreuzung. Hier haben sich noch mehr Kunstgalerien niedergelassen.

> **Paddington Markets,** Paddington Village Uniting Church, 395 Oxford St, Paddington, www.paddingtonmarkets.com.au, geöffnet: Sa. 10–16 Uhr

45 Rund um die Paddington Town Hall ⭐ [H7]

Die hübsch restaurierte, ehemalige **Paddington Town Hall** von 1905 fällt mit ihrem 32 Meter hohen Uhrenturm ins Auge (Oxford St, Ecke Oatley Rd). Seit 1977 ist hier das **Programmkino Chauvel** (s. S. 82) untergebracht, das ebenso wie das **Palace Verona** (s. S. 82) eine der wichtigen Adressen für ausländische und künstlerische Filme in Sydney ist.

EXTRATIPP

Traditionelle Pubs in Paddington

Authentisch, untouristisch und uraustralisch laden diese Eckkneipen zum Essen und Trinken ein:

🕑 **18** [I7] **Light Brigade Hotel,** Oxford St/Jersey Rd. In der Art-déco-Kneipe mit Blick auf die elegante Polizeiwache von Paddington in einem schönen, klassizistischen Gerichtsgebäude speisen. Liveübertragung von Sport-Events.

🕑 **19** [I6] **The London Hotel,** William/Underwood St. Einer der ältesten Pubs dieser Gegend. Hier kehrt ein eher junges Publikum gerne für ein Rib-Eye-Steak oder einen Wagyu-Burger ein.

> **Paddington Inn** (s. S. 74). Im hippen Paddington Inn kann man bei einem Glas Wein oder Bier entspannen, bekommt aber auch exzellente kleine Mahlzeiten.

Hoch mit der Regenbogenflagge

So heißt es alljährlich im März, wenn die Oxford St 44 wegen des Mardi Gras für den Straßenverkehr gesperrt wird. Es ist ein bombastischer Straßenkarneval zum Abschluss eines mehr als dreiwöchigen, Kunst- und Kulturfestes der LGBT-Szene in Darlinghurst und anderen Stadtvierteln. Der Mardi Gras ist das größte Straßenfestival Australiens. Die Parade der rund 130 Wagen mit rund 9000 Teilnehmern zieht jährlich um die 300.000 Zuschauer an.

> *www.mardigras.org.au*

Museen und Ausstellungen in der Universität

› **Macleay Museum** (s. S. 66). Naturkundliche Sammlung der Familie Macleay, von Captain Cooks Entdeckung der Ostküste im Jahr 1770, von Charles Darwin und von anderen Entdeckern.

› **Nicholson Museum,** Eingang vom Innenhof des The Quadrangle, geöffnet: Mo.–Fr. 10–16.30, 1. Sa. des Monats 12–16 Uhr, Eintritt: frei. Größte australische Sammlung archäologischer Funde und Kunstwerke aus Ägypten, dem Mittleren Osten, aus Griechenland, Italien, Zypern und Mesopotamien.

★ **20** [C7] **Rare Book Collection,** Fisher Library, 1. Stock, University Ave, geöffnet: Mo.–Fr. 9–17 Uhr, Eintritt: frei. Unter den wertvollsten Büchern sind 80 mittelalterliche Manuskripte wie Bibeln und Gebetsbücher, Arbeiten von Aristoteles, Boethius, Cicero, Augustinus und Boccaccio sowie Werke von Galilei, Halley, Lavoisier, Kepler, Kopernikus und Newton.

21 [C7] **Tin Sheds Gallery,** 148 City Rd, geöffnet: Di.–Sa. 11–16 Uhr (nicht während Semesterferien), Eintritt: frei. Zeitgenössische Ausstellungen zu Kunst und Design in der Fakultät für Architektur.

› **University Art Gallery,** Übergang von The Quadrangle zu Macleay-Gebäude, geöffnet: Mo.–Fr. 10–16.30, 1. Sa. des Monats 12–16 Uhr, Eintritt: frei. Wechselnde Ausstellungen der Universitätskunstsammlung, die über 2500 Gemälde, Zeichnungen und Skulpturen von europäischen, asiatischen und australischen Künstlern umfasst.

Glebe Events

› **Glebe Markets** (s. S. 86). Mehr als 200 Stände mit Designer- und Vintagekleidung, hipp gestalteten T-Shirts, originellem Schmuck, interessantem Kunsthandwerk und Gemälden. Zusätzlich gibt es Livemusik und Essensstände.

› Im Oktober/November belebt das **Glebe Music Festival** für zwei Wochenenden mit Jazz, Kammermusik und/oder Chören (www.glebemusicfestival.com) die Bühnen. Es gipfelt im **Glebe Street Fair** mit bis zu 100.000 Besuchern auf der Glebe Point Rd zwischen Parramatta Rd und Bridge Rd (10–17 Uhr, www.glebe.com.au/streetfair).

Charmante Eckkneipen

Im von der Uni geprägten Glebe ist ein Kneipenbesuch auch zum Essen äußerst empfehlenswert:

22 [C6] **Australian Youth Hotel,** 63 Bay St, Mo.–Fr. 11–24, Sa. 12–24, So. 12–22 Uhr. Das Australian Youth Hotel von 1857 lockt mit raffinierten Gaumengenüssen in schickem Ambiente.

23 [B6] **The AB Hotel,** 225 Glebe Point Rd, Mo.–Sa. 10–24, So. 10–22 Uhr. Im alteingesessenen The AB Hotel bekommt man relativ preiswerte, aber fantasievolle Gerichte mit asiatischem Einfluss.

An der Straßenkreuzung Oxford St, Ecke Oatley Rd, trifft man auf weitere architektonisch interessante Gebäude: Das **Paddington Post Office** in einem charmanten, viktorianischen Bau des Architekten James Barnet wurde bereits im Jahr 1884 eröffnet. Die denkmalgeschützte, georgianische **Juniper Hall** von ca. 1825 wurde von Gin-Hersteller Robert Cooper gebaut und nach der Wacholderbeere (juniper berry) benannt, die als Aroma für Gin verwendet wird. In den **Paddington Reservoir Gardens** findet man die historischen Gemäuer des einstigen Wasserreservoirs von 1866, die von einer Gartenanlage umgeben sind, die zum Entspannen einlädt.

46 Australian Centre for Photography ★★ [H7]

In Zeiten, in denen man Fotos fast nur noch auf dem Computerbildschirm, in Zeitschriften oder in Form von Werbeplakaten sieht, wird das Auge beim Besuch im australischen Zentrum für Fotografie mit wechselnden Ausstellungen von zeitgenössischen australischen Fotografen verwöhnt.

> 257 Oxford St, www.acp.org.au, geöffnet: Di.–Sa. 12–17, So. 10–17 Uhr, Eintritt: frei

Glebe

Glebe ist ein hippes Stadtviertel mit Boheme-Touch – deutlich beeinflusst von der ältesten Universität Australiens, der University of Sydney. Die Geschäfte haben hier einen besonderen Touch: Es gibt kleine Boutiquen, Buchläden, Esoterikshops, Bioläden, Buchantiquariate und spezialisierte Musikshops – alles, nur keine großen Ladenketten.

> Bus 370 von Coogee über diverse Vororte zur Glebe Point Road. Bus 431 vom MLC Centre über Castlereagh St, Central Station und Broadway entlang Glebe Point Road bis nach Rozelle Bay. Light Rail: Glebe und Jubilee Park.

47 Sydney University ★★ [B7]

Die **erste Universität Australiens** sollte man sich genauer anschauen. Das rechteckige Kerngebäude mit dem Innenhof nennt sich **The Quadrangle** und wurde von Edmund Blacket entworfen, der bis dahin für die Gestaltung von Sydneys Kirchen zuständig war, was man dem vornehmlich neogotischen **Universitätsgebäude von 1850** stilistisch auch ansieht. Vorlagen waren die englischen Universitäten in Oxford und Cambridge,

deren Gründer auf den Buntglasfenstern am Ost- und Westende abgebildet sind.

1859 wurde die **Great Hall** eröffnet, die wie eine Kapelle aussieht und eine große Orgel enthält. 1860 kam der **East Wing** mit dem **Uhrenturm** hinzu, von wo aus jeden Sonntag um 14 Uhr ein Glockenspiel ertönt (während des Semesters auch Di. 13–14 Uhr). Im Anschluss gibt es am So. um ca. 14.45 Uhr eine kostenlose Tour zur Besichtigung des Instruments.

Auf dem Universitätsgelände gibt es zwei kleine **Museen**, zwei **Kunstgalerien** sowie die **Rare Book Collection** (s. S. 52) in der Fisher Library, die man alle jedoch nur besuchen sollte, wenn man mehr als eine Woche in Sydney verbringt oder aber ein besonderes Interesse daran hat (in dem Fall empfiehlt sich die Reservierung der Führung „Museum Highlights" über http://sydney.edu.au/museums/visit-us). Von der Anhöhe auf der University Ave hat man übrigens eine besonders gute **Aussicht auf die Skyline** der Stadt.

> www.sydney.edu.au

48 Glebe Point Road ★★★ [C6]

Hier gibt es einen der besten Märkte von Sydney, interessante Buchläden und eine muntere Café- und Restaurantszene.

Begeistert von den Paddington Markets und Lust auf mehr? Auch die **Glebe Markets** (s. S. 86) sind ein wahrer Genuss. Doch auch wenn kein Markttag ist, lohnt der Besuch der Glebe Point Rd, sofern man gerne von Café zu Café schlendert und in die **Atmosphäre** des Uni-Vororts abtauchen mag. Entlang der Glebe Point Rd findet man auch reichlich gute Restaurants, wo man je nach Vorliebe zu ei-

Spaziergang entlang der Blackwattle Bay

Im **Jubilee Park** [A4] am Ende der Glebe Point Rd kann man unter riesigen Moreton-Bay-Feigenbäumen herrlich entspannen, und zwar mit Blick auf die ANZAC Bridge, welche die Blackwattle Bay überspannt, und auf die Sydney Harbour Bridge in der Ferne. Schön ist ein Spaziergang auf dem Küstenpfad in Richtung City. Nach einer Pause im **The Boathouse** kommt man über die Ferry Rd wieder zurück auf die Glebe Point Rd. Alternativ fährt man mit der ab der Ferry Rd ausgeschilderten Light Rail zurück in die City.

🚋**24** [B4] **The Boathouse** $^{\$\$}$, 123 Ferry Road, Glebe, Fr.–So. 12–15, Di.–So. auch 18–23 Uhr

☐ *Der Bicentennial Park an der Rozelle Bay mit der ANZAC Bridge im Hintergrund*

041sy Abb.: eg

ner asiatischen, italienischen, japanischen o. a. Mahlzeit einkehren kann.

Ebenfalls typisch für die Glebe Point Rd und Umgebung sind die vielen unabhängigen **Buch- und Musikläden** (s. S. 85). Es ist daher kaum verwunderlich, dass in Glebe allein jährlich mehr als 100 literarische Events wie Dichterlesungen und Buchvorstellungen stattfinden.

🔴49 Historisches Glebe ★★   **[B6]**

Das historische Glebe bietet schmucke **Villen, Kirchen**, einen winzigen **chinesischen Tempel** und **traditionelle Eckkneipen**. Der Name „Glebe" bedeutet „Pfarrland". **Reverend Richard Johnson**, Kaplan der Ersten Flotte, bekam dieses Land um die Blackwattle Bay herum zugewiesen. Nach 1826 begann die Kirche von England, Teile der 160 ha großen Fläche zu veräußern und die Käufer bauten reich verzierte Villen. Immer mehr Siedler kamen her und es entstand ein hübscher, **dörflicher Vorort**.

Es empfiehlt sich ein kleiner Rundgang durch die verträumten Wohnstraßen, die von der Geschichte des Viertels erzählen. Man folgt dazu der St. John's Rd [B6] ins einstige Zentrum des dörflichen Glebe mit dem **Glebe Courthouse** (St Johns Rd, Ecke Talfourd St), der **Glebe Police Station** (1–3 Talfourd St), dem 1870 von Edmund Blacket gebauten **St. John's Bishopthorphe** (Glebe Point Rd/St Johns Road), der **Glebe Fire Station** (75 St Johns Rd) im Federation-Stil von Walter Vernon und der **Glebe Town Hall** (160 St Johns Rd) im italienischen Stil.

In der Edward St befindet sich seit 1904 der winzige chinesische, buddhistische **Sze Yup Temple** (2 Edward St), der sich unter den chinesischen Einwohnern in den letzten Jahren immer größerer Beliebtheit erfreut. Er ist Kwun Ti gewidmet, einem chinesischen Helden aus dem 3. Jh., der für Brüderlichkeit, Loyalität und Barmherzigkeit steht.

Wem das alles nicht zusagt, der kann auch einfach nur durch die vielen traditionellen Eckkneipen von Glebe tingeln, die aus der Geschichte dieses Vororts nicht wegzudenken sind. Auf der Glebe Point Rd sind es The AB Hotel (s. S. 52) und das Toxteth Hotel (s. S. 75), bei 162 St. John's Rd das Nag's Head Hotel. Allesamt Institutionen in der örtlichen Pubszene seit über 100 Jahren.

Bondi Beach und weiter südlich

Bondi Beach mit seinem Rettungsschwimmklub von 1906, als die Badegesetze gelockert wurden und man offiziell im Meer baden durfte, ist der berühmteste Strand-Vorort Sydneys und bietet traumhaften, goldgelben Sand und grünblaues Wasser. Entlang der Küste der Tasman Sea gibt es jedoch noch weitere Strände, die man besuchen sollte, wenn man etwas Zeit mitbringt.

> Am besten erreichbar per Sydney Trains zum Bahnhof Bondi Junction, von wo aus man mit den Bussen 333 (PrePay) oder 380 weiterfährt

🔟 Bondi Beach ★★★ [III]

Surfen, Schwimmen und andere Wasser- und Strandsportarten dominieren die Bucht von Bondi Beach. Was läge da näher, als es den anderen gleichzutun und sich in die Wellen zu stürzen?

Der beliebte Badevorort an der Tasman Sea ist nur sieben Kilometer vom Stadtzentrum entfernt und der nahegelegenste Strand dieser Größenordnung. Die Bucht mit **feinstem**

EXTRAINFO

Wichtig: rot-gelbe Flaggen!

Viele von Sydneys Stränden liegen am offenen Meer, das zuweilen eine reißende Brandung und tückische Unterströmungen aufweist. Entsprechend gefährlich kann es sein, im Meer zu schwimmen. An den zum Baden geeigneten Stränden sind **Rettungsschwimmer** im Einsatz. Vor einem **Hai-Angriff** muss man keine Angst haben, denn viele Strände in Sydney Harbour sind im Sommer **durch Netze geschützt**. An welchen Strandabschnitten man ohne Gefahr unter der Aufsicht der Rettungsschwimmer schwimmen gehen kann, sieht man an den beiden **rot-gelben Flaggen**. Zwischen den Flaggen kann man sich ins Wasser wagen. Sind keine Flaggen am Strand, sollte man es schlicht sein lassen. Übrigens: Strandstühle, Sonnenschirme u. Ä. kann man in Sydney nicht mieten. Man muss alles selbst mitbringen.

Sand und **wilden Surfwellen** ist hier ungefähr einen Kilometer lang und an der breitesten Stelle 250 m breit. Die Wellen sind an der Südseite des Strandes besonders rau und man sollte daher hier auch nicht schwimmen, sondern höchstens surfen. Während der Sommermonate werden die Badenden zusätzlich durch **Haiabfangnetze** unter Wasser geschützt, sodass man eine Begegnung mit einem Weißen Hai hier zuverlässig ausschließen kann. Am Nordende des Strandes befindet sich ein kleines, abgetrenntes **Meeresfreibad,** das vor allem zum Planschen für Kinder gedacht ist. Die Grasfläche daneben ist besonders bei der Schwulenszene für ein Sonnenbad populär. Hier geht es ums Sehen und Gesehen werden.

Faszinierend anders: Meeresfreibäder

*Rund 100 Meeresfreibäder gibt es in NSW, davon **allein 26 in Sydney.** Die meisten von ihnen datieren vom Ende des 19. bzw. Anfang des 20. Jahrhunderts, als das Schwimmen groß in Mode kam und insbesondere die **Rettungsschwimmer** angenehmere Temperaturen für das **Training in den Wintermonaten** haben wollten.*

*Bei den Meeresfreibädern handelt es sich um rechteckige Vertiefungen (meist 25 oder 50 Meter lang) am Rand der Meeresklippen. Sie wurden **aus dem Gestein herausgehauen** und bei Bedarf mit Beton ausgeformt und werden durch die **Flutwellen** immer neu mit Meerwasser befüllt. Da das Wasser nicht komplett abfließen kann, ist es deutlich wärmer als das Wasser im Meer und eignet sich daher auch zum Schwimmen in den Wintermonaten. Viele der Meeresfreibäder stehen heute unter **Denkmalschutz,** aber man sollte sie vor allem besuchen, weil der Anblick der Konstruktion allein schon erstaunlich ist. Die Lage an den Klippen ist oftmals spektakulär!*

☑ *Das schickste Meeresfreibad: Bondi Icebergs in Bondi Beach*

042sy Abb.:

Wale in Sicht!

Umrundet man zwischen Juni und Anfang September **Mackenzies Point**, kann man auf dem Meer vorbeiziehende **Buckelwale** *(Humpback Whales)* und **Südkaper** *(Southern Right Whales)* oder aber eine von zehn weiteren Walspezies sehen. Ein Naturschauspiel, das man sich nicht entgehen lassen sollte!

Verschiedene Veranstalter bieten in der Saison Bootstouren zu den Walen an (s. S. 120). Wenn man genau wissen möchte, wo Wale gesichtet wurden, sollte man die App „**Wild About Whales**" des NSW National Parks and Wildlife Service installieren (kostenlos für Android und iOS).

● **25** [III] **Mackenzies Point,** Felsplatte zwischen dem Südende von Bondi Beach und dem Nordende von Tamarama Beach am Wanderweg nach Coogee

Events in Bondi

🔒**26** [III] **Bondi Markets,** Bondi Beach Public School, Campbell Pde, geöffnet: So. 10–16 Uhr, www.bondimarkets.com. au. Kleiner Markt mit Kreationen junger Modedesigner, Vintagekleidung, Schmuck und Kunsthandwerk. Sa. 9 bis 13 Uhr auch Farmer's Market mit Obst, Gemüse und regionalen Spezialitäten.

❭ **Flickerfest,** www.flickerfest.com.au. Zehntägiges internationales Kurzfilmfestival im Bondi Pavilion (s. S. 57).

❭ **Sculpture by the Sea,** www.sculpture bythesea.com, Ende Oktober, Anfang November. Der 2 km lange Küstenweg von Bondi nach Tamarama wird einen Monat lang für die Ausstellung von ca. 100 Skulpturen genutzt.

❭ **City2Surf,** www.city2surf.com.au. 14-km-Volkslauf von Hyde Park nach Bondi Beach (65.000 bis 80.000 Teilnehmer).

Etwa in der Mitte des Strandes steht der **Bondi Pavilion.** Dieses denkmalgeschützte, neo-georgianische Badehaus stammt von 1928, als das Baden groß in Mode kam und man hier Umkleiden, Duschräume und ein türkisches Bad baute. Heute fungiert es nur noch als Gemeindezentrum, in dem wechselnde Ausstellungen gezeigt werden und Theatervorstellungen oder Workshops stattfinden.

Wilde Wellen rollen auf das aus Naturstein gehauene Meeresfreibad **Bondi Icebergs** zu und die Schwimmer, die hier ihre Runden ziehen, werden von oben zusätzlich mit der sprühenden Gischt berieselt. Das Freibad wurde 1929 gebaut, damit die Rettungsschwimmer auch in den Wintermonaten trainieren konnten. Damals wurde in den Statuten festgelegt, dass man, um **Mitglied im**

Klub bleiben zu können, für einen Zeitraum von fünf Jahren in den Monaten September bis Mai an drei von vier Sonntagen an Wettkämpfen teilnehmen muss. Obwohl viel diskutiert, ist diese Regel noch immer in Kraft. Frauen können hier im Übrigen erst seit 1994(!) Mitglied werden.

Als **Besucher** kann man auf den acht 50-Meter-Bahnen jedoch auch ohne Mitgliedschaft seine Bahnen schwimmen (wenn man weiter als fünf Kilometer von Bondi Beach entfernt seinen regulären Wohnsitz hat). Außerdem gibt es hier eine besonders im Winter beliebte **Sauna,** in der man seine Schwimmkleidung allerdings anbehalten muss. Aber man sollte Folgendes bedenken: Anders als in Europa sind FKK und der Saunabesuch vor allem eine Domäne der schwulen Männer. Frauen und hete-

rosexuelle Männer gehen in Australi-
en nur selten in die Sauna.

★ **27** [III] **Bondi Icebergs**, 1 Notts Ave,
www.icebergs.com.au, Café: Mo.–
Fr. 11–18.30, Sa./So. 9–18.30 Uhr,
Schwimmen: Mo.–Mi. u. Fr. 6–18.30,
Sa./So. 6.30–18.30 Uhr, Eintritt: 6,50 $

Der sechs Kilometer lange **Küstenwanderpfad von Bondi Beach nach
Coogee** 🔟 zieht sich von den Bondi Icebergs entlang der Küste weiter
nach Süden. Er bietet eine fantastische Aussicht, begeistert Wanderer,
Jogger und alle Naturfreunde. Es handelt sich hier aber lediglich um einen
Abschnitt des längeren Wanderpfads,
der von Circular Quay bis nach Cro-
nulla am Rande des Royal National
Parks führt.

Entlang der Küste sind viele Abschnitte des Wegs als **Aquatic Reserve** klassifiziert, was bedeutet, dass
das Sammeln von Krabben, See-
schnecken, Muscheln, Tintenfischen
etc. im Küstenbereich bis zu 100

☑ *Bootsklub in Gordons Bay*

KLEINE PAUSE

Hier isst das Auge mit

Die **Icebergs Terrace** (Di.–Fr. 7.30–
14, Sa./So. 7.30–15) im Balkonbe-
reich der Bondi Icebergs (s. S. 57)
mit Blick auf den Pool kann man auf
einen Kaffee oder Smoothie oder ein
gesundes Frühstück besuchen, ohne
Eintritt ins Schwimmbad zahlen zu
müssen.

Im **Icebergs Dining Room and Bar**
(Di.–So. 12–22 und Bar Di.–Sa. bis
24, So. auch Brunch ab 10) schlürft
man am Abend coole Drinks oder
genießt dabei eine der bekannten
Livebands, die hier regelmäßig am
Wochenende auftreten.

Meter ins Meer (gemessen ab Ebbe-
stand) nicht gestattet ist. Entsprechend können **Schnorchler** hier eine
ganz wunderbare Unterwasserwelt
bewundern – insbesondere in **Gordons Bay**.

🔟 **Tamarama Beach** ★ 　　　　[III]

An diesem schmalen, zwischen
den Klippen eingekeilten Sandstrand
sitzen viele **Surfer** auf ihren Brettern und warten auf gute Wellen. Die
Brandung kann hier ganz schön hef-
tig werden, entsprechend macht es
Spaß, den Surfern zuzuschauen.

Tamarama Beach gilt als der **ge-
fährlichste bewachte Strand von
NSW**, mit mehr Rettungsaktionen als
an allen anderen Stränden von Sydney. Allerdings hat der örtliche **Rettungsschwimmerklub** in seiner über
100-jährigen Geschichte noch kein
einziges Leben in der Brandung verlo-
ren. Ein bemerkenswerter Erfolg, der
für die Rettungsschwimmer spricht.

Im **Tamarama Park** hinter dem
Strand gibt es kostenlose Barbecue-

Anlagen, an denen besonders bei schönem Wetter am Wochenende viel los ist.

> Bus 361 vom Sydney-Trains-Bahnhof Bondi Junction

52 Bronte Beach ★★ [I]

Bronte Beach ist ein sichelförmiger Strand und dahinter befindet sich ein großer Park, in dem man das hübsche **Bronte House** von 1845 findet. Das Haus mit seinem wundervollen Garten wird jedoch normal vermietet und ist in der Regel nur an sechs Tagen pro Jahr für die Öffentlichkeit zugänglich (www.brontehouse.com).

Wer sich nicht ins unruhige Meer stürzen möchte, kann in den kostenlosen **Bronte Baths** von 1887 am Südende des Strandes dennoch im Meerwasser schwimmen. Früher badeten hier die Männer von Sonnenaufgang bis 10 Uhr und die Damen von 16 Uhr bis Sonnenuntergang. Die Sonn- und Feiertage waren ganz für das männliche Geschlecht reserviert! Das hat sich zum Glück geändert. Sonntags ist die Grünfläche im **Bronte Park** gefüllt mit Menschen, Kühltaschen und Campingstühlen – und der Duft von Gegrilltem hängt in der Luft, denn hier gibt es auch kostenlose Barbecue-Anlagen.

S 29 [I] **Bronte Baths,** Südende des Strandes, Bus 361 vom Sydney-Trains-Bahnhof Bondi Junction

53 Waverley Cemetery ★★ [I]

Über die Bronte Rd gelangt man zum Waverley Cemetery von 1877, dessen Grabsteine bis an die Klippen heranreichen. Die **Verbindungsstraße** vom Bronte Beach zum Friedhof ist gut fünf Meter tief in die Klippen gehauen, da die frühen Siedler das **Baumaterial** für ihre Häuser hier abbauten.

KLEINE PAUSE

Wanderpause

Wenn man den **Küstenpfad von Bondi Beach nach Coogee** läuft, findet man in Bronte entlang der Bronte Rd einige gute Cafés, die sich für einen kulinarischen Zwischenstopp eignen. Besonders empfehlenswert: **☕ 28** [I] **The Ex Lounge,** 471 Bronte Rd, 1. Stock, tägl. 7–22 Uhr

Wer gern alte Friedhöfe besucht, sollte einen Rundgang zwischen den schönen Beispielen für **viktorianische** und **edwardianische Grabsteinarchitektur** machen. Hier ruht so mancher **berühmte Australier.** Dazu gehören z. B. Henry Lawson, Dichter und Journalist, und die Dichterin Dorothea Mackellar, deren Gedicht „My Country" bei Erscheinen 1908 zu den beliebtesten der Zeit gehörte. Noch eine Berühmtheit ist Lawrence Hargrave, Pionier, Entdecker und Erfinder. Die ersten in Europa gebauten Flugzeuge griffen auf seine Technik zurück.

> St Thomas St, Bronte, Bus 360 vom Sydney-Trains-Bahnhof Bondi Junction, geöffnet: Mai–Aug. 7–17 Uhr, Apr./Sep.–Nov. bis 18 Uhr, Dez.–März bis 19 Uhr. Informationen zu den Grabstätten, Büro des Friedhofs, Thomas St, Mo.–Fr. 9–17, Sa. 9–15 Uhr.

54 Clovelly Beach ★ [IV]

Der geschützte Clovelly Beach wird links und rechts von einem **Felsplateau** begrenzt, das überbetoniert und mit **Treppenabgängen** ins Meer versehen wurde. Schön sieht das nicht gerade aus, aber die Anwohner schätzen diese Anlage, die das Schwimmen und Schnorcheln im Meer erleichtert. An der Südseite des Strandes gibt es ein kostenloses, betoniertes 25-Meter-Meeresfreibad: Clovelly Ocean Pool.

❯ Bus 360 vom Sydney-Trains-Bahnhof Bondi Junction, Bus 339 ab Spring St (City) über Hyde Park (Elizebeth St), Central Station (Eddy St) und durch diverse Vororte nach Clovelly

🔴55 Coogee Beach ★★★ [IV]

Coogee ist der gemütlichere Strandvorort und obendrein der Spitzenreiter, was die Zahl der Meeresfreibäder am Ufer anbelangt – hier gibt es gleich vier.

Ein **einfaches Meeresfreibad** (Giles Baths) liegt am südlichen Zipfel des Dunningham Reserve, wo seit 2003 das formschöne **Bali Memorial** des Künstlers Sasha Reid zu finden ist, mit dem an die Opfer des Bombenanschlags von 2002 in Bali erinnert wird, von denen zwanzig aus nahegelegenen Vororten von Sydney kamen.

Am Südende des Strandes von Coogee befindet sich der ebenfalls frei zugängliche **Ross Jones Memorial Pool** von 1947, der rundum mit kleinen Betonpfeilern verziert ist, die an die Zinnen einer Sandburg erinnern. Dieses Meeresfreibad liegt gleich neben dem Rettungsschwimmerklub, der den Pool auch vornehmlich nutzt.

Einmalig in Australien sind die 1886 eröffneten **McIvers (Women's) Baths**, die bis 1922 durch die McIver-Familie betrieben wurde. 1922 übernahm der Randwick Ladies Amateur Swimming Club und leitet das Meeresfreibad auch heute noch. Es soll schon seit Jahren renoviert werden, aber nach wie vor ist alles beim Alten: Den Eintritt von 20 Cent wirft man einfach in einen bereitstehenden Topf! Weil das Bad nur für Frauen ist, trifft man hier viele Muslimas, Lesben und Mütter mit Kindern an. Eine Klage wegen Verstoßes gegen das Anti-

diskriminierungsgesetz wurde 1995 erfolgreich abgewehrt und somit ist es das einzige Bad in ganz Australien, welches ausschließlich für Frauen (und kleine Kinder) zugänglich ist.

Absoluter Geheimtipp bei den Einheimischen ist das vierte Meeresfreibad in Coogee: die **Wylie's Baths** von 1907, die seit 1993 unter Denkmalschutz stehen. Dieses 50-Meter-Meeresfreibad ist einzigartig in seiner Gestaltung und hier trifft man auch auf besonders viele Meeresgeschöpfe, die mit Ebbe und Flut ein und aus gehen. Namensgeberin war Wilhelmina Wylie, die Tochter des Gründers. Sie war eine der ersten australischen Schwimmerinnen, die an den Olympischen Spielen teilnahmen. 1912 gewann sie in Stockholm hinter Fanny Durack, ebenfalls Australierin, die Silbermedaille.

Außer sich am Strand zu tummeln, kann man in Coogee auch gut etwas essen und trinken. Der ruhige Ort hat mehr Backpackerunterkünfte als z. B. Bondi Beach und auch mehr gemütliche Cafés.

❯ Busse 313, 314 vom Sydney-Trains-Bahnhof Bondi Junction, Bus 370 ab Glebe Point Rd (Glebe), Bus 372 ab Central Station (Eddy Av), Bus 373 ab Circular Quay (Alfred St) über Hyde Park (Elizabeth St), Oxford St (Darlinghurst) und durch diverse Vororte nach Coogee

🔴**S30** [IV] **McIvers (Women's) Baths,** am Südende von Coogee Beach weiter Richtung Süden, Eintritt: 20 Cent, geöffnet von Sonnenauf- bis -untergang, Rettungsschwimmer anwesend von 12–17 Uhr. Nur für Frauen und Kinder.

🔴**S31** [IV] **Wylie's Baths,** am Südende von Coogee Beach weiter Richtung Süden, fast bei Neptune St, Eintritt: 5 $, geöffnet: Apr.–Okt. 7–17 Uhr, Nov.–Apr. bis 19 Uhr, Massagen 55–190 $, Yoga/Pilates Session 18 $ (www.wylies.com.au)

Mit den Haien tauchen

Das Besondere am Manly Sea Life Sanctuary ist, dass man dort einen **Tauchgang im Haifischbecken** buchen kann. Dabei trifft man auf vier verschiedene Rochenarten, Riesenschildkröten, Schnapper, Mulloway und vier Haifischarten.

★**32** [II] **Manly Sea Life Sanctuary,** West Esplanade, Fähre von Circular Quay nach Manly, Bus 151, Eintritt: 18 $ online, sonst 25 $, geöffnet: tägl. 9.30– 17 Uhr, www.manlysealifesanctuary. com.au. Ein Tauchgang mit Haien und Rochen (Shark Dive Xtreme) muss vorab gebucht werden (123–395 $).

Cruise oder Wassertaxi nach Fort Denison

Auf der **ehemaligen Gefängnisinsel** kann man an einer Führung teilnehmen oder sich auf eigene Faust umschauen.

Man errreicht die Insel mit Matilda Cruises oder per Wassertaxi ab Darling Harbour, Pier 26, und Circular Quay, (Pier) No. 6 Jetty. Eine **Führung** inklusive Fährservice bietet Matilda Cruises an: 37 $, Zeiten: tägl. 11, 12.15 und 13.45 Uhr (letzte Rückfahrt 14.45 Uhr)

Events in Manly

Tagesaktuelle Events in Manly kann man unter www.manly.nsw.gov.au abfragen.

❯ **Cole Classic,** Anfang Februar, Massen-Wettschwimmen für einen wohltätigen Zweck mit rund 4500 Teilnehmern, das seit 2005 an Manly Beach stattfindet

❯ **Manly Surf Carnival,** Wochenende vor dem/am Australia Day (26.1.), Schwimmwettbewerbe im Meer

❯ **Australian Open of Surfing,** Februar/März, Surf-, Skateboard- und Musikevent am Manly Beach

❯ **Manly Arts Festival,** ca. 14 Tage lang ab dem zweiten Fr. im September. Die Innenstadt wird zur Bühne für bildende und darstellende Kunst.

❯ **Manly Jazz,** 11 Tage Ende September/ Anfang Oktober. Gratis-Konzerte (Jazz, Blues, Roots, Rock etc.) in Cafés, Restaurants und als Open Air auf dem Corso.

🏠**33** [II] **Manly Market Place,** Sydney Rd und Market Place, Sa./So. 10–17 Uhr. Verkauf von Schmuck, Mode, Kunsthandwerk und Design. Mi. und So. 8–14 Uhr auch Manly Fresh Produce Markets, Manly Plaza, Sydney Road, mit Gemüse, Obst und Leckereien aus der Region.

Manly

Eine halbe Stunde Wind im Haar auf dem Außendeck der Fähre mit atemberaubend schöner Aussicht und mit etwas Glück Zusammentreffen mit ein paar Delfinen. Im Surfer- und Badeort Manly an der Nordküste Sydneys herrscht schon bei der Überfahrt Urlaubsstimmung.

Das Stadtzentrum von Manly ist nicht besonders hübsch und wichtige historische Sehenswürdigkeiten gibt es auch nicht. Für Shoppingfans interessant ist aber die ca. 200 m lange **Fußgängerzone The Corso** mit Geschäften, die vor allem auf Surfmode spezialisiert sind. Sie ist auch der schnellste Weg zum wunderbaren **Manly Beach** 🔴**57** an der Tasman Sea. Ist man auf der Suche nach einem netten Café, sollte man es in den Nebenstraßen versuchen.

❯ Manly Ferry ab Circular-Quay-Fährhafen (mit Opal Card 14,36 $, ohne 15,20 $). WLAN am Fähranleger. Manly Fast Ferry ab Circular Quay und Darling Harbour (eigenes Ticket-System, Rückfahrkarte

17 $, mit der wiederaufladbaren Smart-card Hin- und Rückfahrt ab 10 $ möglich, WLAN) oder diverse private Fährdienste (s. S. 120). Bus 151 ab QVB (York St, Stand B) in Richtung Mona Vale (eine Stunde Fahrtzeit).

56 Manly Art Gallery & Museum ★ [II]

Kunstinteressierte sollten einen Blick in das Manly Art Gallery & Museum werfen. Hier gibt es **ständig wechselnde Ausstellungen,** da die Sammlung von **australischen Keramiken** sowie von **zeitgenössischen** und **frühen australischen Gemälden** so groß ist, dass sie nie vollständig gezeigt werden kann.

> Manly Art Gallery & Museum, West Esplanade, www.manly.nsw.gov.au/ attractions/gallery, Eintritt: frei, geöffnet: Di.–So. 10–17 Uhr

57 Manly Beach ★★★ [II]

Eigentlich dreht sich in Manly alles ums Baden und Surfen! 1903 wurde Manly Beach als einer der ersten Strände in NSW offiziell zugelassen. Bis dahin war das Baden im offenen Meer bei Tage verboten.

Die Hauptbeschäftigung in Manly ist wohl das **Surfen** und so sieht man reichlich Boys und Girls mit einem Board unter dem Arm barfuß zum Strand schlendern. In Manlys Wellen surfen gelernt hat auch Layne Beachley, die siebenfache Weltmeisterin im Surfen. Egal ob zum Bodyboarden, Longboarden, Stand up Paddling oder Windsurfen – alle lieben Manlys Brandung und Wind.

Die lange, sichelförmige Bucht an der Tasman Sea ist mit einem **wundervollen Sandstrand** gesegnet, der in drei Abschnitte unterteilt ist: im Norden der Queenscliff Beach, dann North Steyne und South Steyne. Am

Frühstück im The Pantry Manly

○34 [II] **The Pantry Manly,** Ocean Promenade, North Steyne, Tel. 99770566, www.thepantry manly.com, geöffnet: tägl. 7.30–21.30/22 Uhr. Im charmanten ehemaligen Badehaus von 1919 direkt am Strand ist nunmehr eine Brasserie untergebracht, die vor allem französische und italienische Leckerbissen auf der Speisekarte hat. Die Frühstückskarte ist hingegen eher modern-englisch angehaucht und in jedem Fall zu empfehlen.

Südende schließen noch zwei weitere Strände an: **Fairy Bower Beach** und **Shelly Beach.**

Geht man über The Corso von Manly Wharf zum Manly Beach, trifft man genau zwischen North und South Steyne auf den Strand. Wer Lust auf einen ausgiebigen Spaziergang am Strand oder auf der Strandpromenade hat, sollte entlang der North Steyne in Richtung Norden zum Queenscliff Beach aufbrechen.

Der **Queenscliff Beach** ist unter Surfern für seine heftigen Wellen bekannt, sogenannte „Bomboras", die schon auf dem Meer brechen. Entsprechend viele Surfer sitzen hier auf ihren Brettern und arbeiten an ihrer Technik. Ein besonderes Schauspiel, das man sich nicht entgehen lassen sollte.

Im Sommer veranstaltet der örtliche **Rettungsschwimmerklub** am Queenscliff Beach Übungen und Wettbewerbe, die lustig anzusehen sind, denn die Mitglieder tragen noch Badehauben wie in den 1920er-Jah-

Manly Ferry

*Die Fähren „Freshwater", „Queens-
cliff", „Narrabeen" und „Collaroy"
wurden zwischen 1982 und 1988 gebaut. Sie sind alle 70 Meter lang, 12,5
Meter breit und bieten bis zu 1100 Pas-
sagieren Platz. Die halbstündige Fahrt
mit der Fähre von Circular Quay* **8**
*nach Manly Wharf ist eine wunder-
bare und nostalgische Art, die Hafen-
schneise zwischen der City und der
Meeresenge zur Tasman Sea zu erkunden. (Es gibt auch die Manly-Fast Fer-
ry-Katamarane, s. S. 120). Fast alle
Touristen begeben sich auf das Außendeck, um nach der Abfahrt Fotos vom*
Sydney Opera House **11** *und der* **Sydney Harbour Bridge** **7** *zu schießen.
Es gibt jedoch auf der Fahrt noch mehr
zu entdecken.*

*Fast am Sydney Opera House vor-
bei, erblickt man auf der Landzunge
gegenüber das neogotische* **Kirribilli
House** *von 1855. Es ist seit 1957 die
Residenz des australischen Premierministers. Die meisten Premierminister
nutzen das Haus jedoch nur bei offizi-
ellen Anlässen (Ex-Premier John Howard wohnte hier von 1996 bis 2007 mit
seiner Familie).*

*Auf dem gleichen Grundstück befin-
det sich das* **Admiralty House,** *die offizielle Residenz des australischen Ge-
neralgouverneurs. Derzeit hat dieses
Amt Sir Peter Cosgrove inne. Auch er
lebt nicht hier, sondern die Räumlichkeiten werden zur Unterbringung von
wichtigen Staatsgästen genutzt. Die
beiden Gebäude sind höchstens einmal
im Jahr öffentlich zugänglich (November, im Rahmen von „Sydney Open",
s. S. 90).*

*Als Nächstes bewegt sich die Fäh-
re an* **Fort Denison** *vorbei, einer Gefängnisinsel aus den Zeiten der Strafgefangenenkolonie. Das Fort mit seinem Martello-Turm wurde im Jahr
1857 gebaut. Seit 1906 wird jeden Tag
um 13 Uhr ein Kanonenschuss abgege-
ben, nach dem die Matrosen und andere Sydneysider ihre Uhr korrekt stellen
können.*

*Die Fähre umrundet auch Bradley's
Head, wo der empfehlenswerte* **Taronga Zoo** *(s. S. 28) liegt. Mit ein wenig
Glück sieht man auf der Fahrt Delfine
in freier Wildbahn vorbeischwimmen.
Im australischen Winter verirrt sich
auch schon mal ein Wal in den Port
Jackson, meist muss man sich zur
Walbeobachtung jedoch einer Rundfahrt außerhalb der Meeresöffnung
anschließen (s. S. 120).*

*An einem windigen Tag schaukelt
die Fähre ganz schön in den Wellen,
denn ab Bradley's Head verlässt man
den Windschatten von South Head
und muss die ca. 750 m breite* **Meeresöffnung zum Pazifischen Ozean** *durchfahren, um in die schützen-
de Manly-Bucht hinter North Head zu
kommen.*

North Head *ist heute ein Natur-
schutzgebiet, in dem man ein Stück
stadtnahe Wildnis vorfindet und wo
man Eidechsen und Nasenbeutler in
ihrem traditionellen Lebensraum an-
treffen kann.*

*In der vom Ozean abgewandten
Bucht von* **Manly Cove,** *wo man mit
der Fähre ankommt, ist ein Stück
Strand mit Hai-Netzen abgeschirmt,
damit man beruhigt schwimmen gehen kann. Verlässt man den Schiffsan-
leger, fällt einem ein bekanntes Schild
ins Auge: das Logo von Aldi-Süd. Die
Firma betreibt hier eine Filiale.*

108sy Abb.: fo©Aleksandar Todorovic

ren: aus Stoff und unter dem Kinn festgeschnürt! Dennoch muss man die Rettungsschwimmer bewundern, die hier in der relativ gefährlichen Brandung trainieren, um sich alltäglich der Rettung von Menschen in Seenot widmen zu können. An der South Steyne sind sie bei geeignetem Wetter ganzjährig im Einsatz, während die Rettungsschwimmer an den Strandabschnitten North Steyne und Queenscliff nur von Oktober bis April patrouillieren.

Trainiert wird insbesondere in den Wintermonaten im **Meeresfreibad**, in dem man geschützt vor Brandung und Haien seine Runden schwimmen kann. Am ersten Sonntag im Februar sollte man dem spektakulären **Wettschwimmen Cole Classic** im Meer zuschauen, an dem immer wieder ehemalige Olympia-Gewinner teilnehmen!

Vielleicht weniger spektakulär, aber dennoch aufregend, ist der seit 1908 alljährlich stattfindende **Manly Surf Carnival** am Wochenende vor oder nach dem Australia Day (25. Januar), der vom Rettungsschwimmerklub für verschiedene Altersgruppen veranstaltet wird.

Folgt man der Strandpromenade ab The Corso Richtung Süden, passiert man den **Fairy Bower Pool**, ein Meeresfreibad in der Form eines Dreiecks. Am Rand dieses Freibades stehen zwei formschöne **weibliche Plastiken** von Helen Leete. Dahinter liegt der **Badestrand Shelly Beach** – ideal für alle, die hohe Wellen lieber meiden.

⌂ *Die Manly Fähren legen in der vom Meer abgewandten Manly Cove an*

SYDNEY ERLEBEN

001sy Abb.: eg

Museum of Contemporary Art Australia

Sydney für Kunst- und Museumsfreunde

Museen allgemein

Sydney bietet eine Vielzahl an empfehlenswerten Museen, die dem Besucher einen tieferen Einblick in die australische Geschichte vermitteln. Geschlossen bleiben alle Museen am 25. Dezember und vielfach auch am Karfreitag.

㉓ [F5] **Australian Museum.** Hervorragendes Museum, das interessante Informationen über die australische Fauna, Flora und Geologie sowie die Geschichte der Aborigines vermittelt.

㊲ [D4] **Australian National Maritime Museum.** Das Schifffahrtsmuseum bietet Einblicke in die Entdeckungsgeschichte Australiens und die Expeditionen zur Antarktis.

㉖ [F4] **Hyde Park Barracks.** Hier erfährt man, wie man sich die Tage als Strafgefangener in der britischen Kolonie vorstellen muss.

⑩ [F2] **Justice & Police Museum.** Vermittelt Informationen zur Rechtsprechung in den Zeiten der Strafgefangenenkolonie und Einblicke in das Leben der berühmten australischen *bushranger* (Buschräuber).

㎡35 [B7] **Macleay Museum,** Macleay Building, Science Rd, http://sydney. edu.au/museums, geöffnet: Mo.–Fr. 10–16.30, 1. Sa. des Monats 12–16 Uhr, Eintritt: frei. Umfangreiche naturkundliche Sammlung in der University of Sydney.

㎡36 [F3] **Museum of Australian Currency Notes,** Reserve Bank of Australia, 65 Martin Pl, www.rba.gov.au/ Museum, geöffnet: Mo.–Fr. 10–16 Uhr, Eintritt: frei. Museum zur farbenfrohen Geschichte der australischen Banknoten, die zugleich Meilensteine in der australischen Geschichte widerspiegeln.

△ Das Museum of Contemporary Art ❷ mit dem modernen Mordant Wing beherbergt eine der besten Sammlungen australischer Kunst

◁ Vorseite: Pause an der Blackwattle Bay [B4] mit Blick auf die ANZAC Bridge und Sydneys Wolkenkratzer

Museen, die mit einer magentafarbenen Nummer (**23**) als Hauptsehenswürdigkeit ausgewiesen sind, werden im Kapitel „Sydney entdecken" ausführlich beschrieben. Dort finden sich auch alle praktischen Informationen wie Adresse, Öffnungszeiten usw.

37 [F3] **Museum of Sydney**, Phillip St/ Bridge St, www.sydneylivingmuseums. com.au, geöffnet: tägl. 10–17 Uhr, Eintritt: 10 $. Das Museumsgebäude steht auf den Fundamenten des ersten Regierungsgebäudes von Australien, das 1788 von Gouverneur Arthur Phillip errichtet wurde und von dem aus die ersten neun Gouverneure die Angelegenheiten der Kolonie regelten. Im Museum werden Ausstellungsstücke zur Siedlungsgeschichte Sydneys und der Kultur der Eora-Aborigines gezeigt.

32 [D5] **Powerhouse Museum.** Das größte Museum der Stadt stellt die Geschichte technischer Errungenschaften (der Welt und insbesondere Australiens) vor und ist besonders für Besucher mit (Schul-)Kindern interessant.

38 [E2] **Susannah Place**, 58–64 Gloucester St, www.sydneylivingmuseums. com.au, geöffnet: tägl. 14–17 Uhr (nur zugänglich im Rahmen einer Führung: 14, 15 oder 16 Uhr), Eintritt: 8 $. Shop kostenlos zugänglich. Das dreistöckige Haus veranschaulicht die frühe Bauweise in der Kolonie und beherbergt einen kleinen Kolonialwarenladen aus den 1920er-Jahren, in dem es Waren der Zeit zu kaufen gibt.

3 [E2] **Sydney Observatory.** Ehemalige Sternwarte mit Teleskop und Blick in den australischen Sternenhimmel. Hier erhält man Informationen zur Milchstraße, dem Kreuz des Südens und zur Astronomiegeschichte.

39 [E2] **The Rocks Discovery Museum**, 2–8 Kendall Ln, geöffnet: tägl. 10–17 Uhr, Eintritt: kostenlos. Museum über die Geschichte der Aborigines und des Viertels The Rocks vor und nach der Gründung der Strafgefangenenkolonie.

EXTRATIPP

Naturerlebnis Sydney
Um die australische Flora und Fauna zu entdecken, muss man gar nicht unbedingt in den Botanischen Garten oder den Zoo. Überall in der Stadt kann man einmaligen Tieren und Pflanzen begegnen, die man nicht unbedingt kennt, weil es sie nur hier gibt.

Wer die App **Sydney Wildlife** installiert, kann viele Infos zu Pflanzen und Tieren in Sydney nachschlagen (kostenlos für Android und iOS).

Noch tiefer in die Tierwelt von NSW taucht die App „**Field Guide to NSW Fauna**" des Australian Museum **23** ein (kostenlos für iOS und Android).

Historische Schiffe beim Australian National Maritime Museum **37**

Kunstmuseen und -galerien

In einer Stadt wie Sydney gibt es unzählige **Kunstgalerien,** von denen viele auf australische Kunst spezialisiert sind. Kunstinteressierte sollten sich in **Paddington** (Oxford St ㊹, Glenmore Rd [H6], Hargrave St [I6], Goodhope St [I6], u. a. Sherman Contemporary Art Foundation), **Woollahra** (Queen St, Moncur St, Jersey Rd, u. a. Olsen Irwin Galleries), **East Sydney** (Cathedral St) und **Surry Hills** (Devonshire St, Albion St, Crown St) umsehen, wo eine Vielzahl an renommierten Galerien ansässig ist. Seit 2009 findet man in der White Rabbit Gallery in Chippendale auch eine der wichtigsten Kunstsammlungen für moderne chinesische Kunst.

㉗ [G3] **Art Gallery of NSW und Yiribana Gallery.** Sehenswerte Sammlungen australischer Kunst, Kunst und Kultur der Aborigines und Torres Strait Islanders, die man in Europa nicht zu sehen bekommt, sowie europäischer und asiatischer Kunst.

㊻ [H7] **Australian Centre for Photography.** Wechselnde Ausstellungen von zeitgenössischen australischen Fotografen.

📷40 [G5] **Australian Design Centre,** 101–115 William St, Darlinghurst, www. australiandesigncentre.com, geöffnet: Di.–Sa. 11–16 Uhr, Eintritt: frei. Ausstellung und Verkauf von Kunsthandwerk und Designobjekten von inspirierenden australischen Künstlern und Designern.

📷41 [F7] **Brett Whiteley Studio,** 2 Raper St, Surry Hills, www.artgallery.nsw.gov. au/brett-whiteley-studio, geöffnet: Fr.–So. 10–16 Uhr, Eintritt: frei. Atelier und Wohnhaus des 1992 verstorbenen gleichnamigen Sydneysider Künstlers mit wechselnden Ausstellungen seiner Skulpturen und Malereien.

📷42 [E2] **Craft NSW,** 104 George St, The Rocks, www.artsandcraftsnsw.com.au, geöffnet: tägl. 9.30–17.30 Uhr (im Winter nur bis 17 Uhr). Hervorragende kunsthandwerkliche Arbeiten der Mitglieder der Society of Arts and Crafts of NSW werden hier ausgestellt und verkauft.

㊺ [II] **Manly Art Gallery & Museum.** Gute Sammlung von australischen Keramiken und zeitgenössischer sowie früher australischer Malerei.

❷ [E2] **Museum of Contemporary Art (MCA).** Hervorragende Sammlung moderner australischer Kunst und umfassende Sammlung von Aborigine-Kunst.

📷43 [E2] **National Trust S.H. Ervin Gallery,** Observatory Hill, The Rocks, www. shervingallery.com.au, geöffnet: Di.–So. 11–17, Eintritt: 7 $. Wechselausstellungen zu australischen Themen aus der Sammlung des National Trust.

📷44 [G4] **Soho Art Gallery,** 104 Cathedral St/Ecke Crown St, www.sohogalleries. net, geöffnet: Di.–So. 12–18 Uhr. Eine *der* Adressen für Ausstellungen von zeitgenössischen australischen Künstlern.

📷45 [G5] **TAP Gallery,** 108/248 Palmer St (Republic Sq), www.tapgallery. org.au, geöffnet: tägl. 12–18 Uhr. Hat sich einen Namen als beste Gallerie für moderne australische Kunst unter 5000 $ gemacht.

Kunst unter freiem Himmel

> **Art & About.** Öffentliche Bereiche der Stadt werden durch Installationen, Performances, Livemusik u. a. bereichert (Infos: www.artand about.com.au).

> **Sculpture by the Sea.** Der Küstenweg von Bondi ㊿ nach Tamarama 🟥51 verwandelt sich von Ende Oktober bis Anfang November in eine Skulpturenausstellung (www. sculpturebythesea.com).

Sydney für Genießer

Essen und Trinken

In Sydney ist für jeden Gaumen etwas dabei. Gute Zutaten, ambitionierte Sterneköche und moderne Zubereitungsweisen sind an der Tagesordnung. Insbesondere für Liebhaber der asiatischen Küchenstile ist das Angebot geradezu eine Offenbarung.

Das Gastronomieszene in Sydney ist überaus vielfältig und vereint verschiedene Kochstile zur modernen australischen Cuisine: „**Modern Australian**" nennt das. Auf einer typischen Speisekarte dominieren **asiatische Kochstile**, allen voran thai, malaiisch, indisch und chinesisch, zusammen mit italienischer Pizza und Pasta. Darüber hinaus gibt es **so ziemlich jede Landesküche**, da die Einwohner Sydneys aus mehr als 150 Ursprungsländern stammen und diese Einflüsse in das Gastronomieangebot eingebracht haben.

Überall in der Stadt gibt es Cafés, Imbisse, Restaurants, Bars etc. Wo auch immer man gerade Hunger bekommt, findet man garantiert ein passendes Lokal nach seinem Geschmack. In Australien geht man gern auswärts essen und auch bei der Mittagspause legt man viel Wert auf einen passenden Gaumenkitzel. Entsprechend populär sind gehobene Restaurants, es wird auch im privaten Kreis über Zubereitungsstile gefachsimpelt und Stars und Sternchen unter den Köchen werden hoch gehandelt.

Das **Preisniveau** ist i. d. R. höher als in Deutschland, dennoch kann man in Pubs, Cafés und Foodcourts relativ preisgünstig und gut essen. Die Preise für einzelne Speisen rangieren hier von 8 bis 30 $. In einem normalen Restaurant liegen die Preise für ein Hauptgericht bei ca. 25 bis 35 $, in Spitzenlokalen hingegen bei ca. 40 bis 65 $. Will man in einem ganz bestimmten Lokal essen, sollte man **vorab telefonisch reservieren**. In den Strandlokalen in Manly oder Bondi Beach, aber auch in der City, findet man am Wochenende oft den Hinweis „**10 % surcharge on weekends**" auf der Speisekarte, d. h. alles ist 10 % teurer!

Im Gegensatz zu den traditionelleren Pubs sind Bars fast immer durch einen Innenarchitekten auf Hochglanz gestylt – ganz besonders im Stadtzentrum. Entsprechend sind auch die Gäste gestylt. Diese Lokale öffnen i. d. R. ab 17/18 Uhr, bieten nur kleine Häppchen zu essen und bleiben bis spät in die Nacht geöffnet.

Leitungswasser kann man übrigens in Sydney ganz unbedenklich trinken. Es ist in der Regel geschmacksneutral und hat Trinkwasserqualität.

Bestellgepflogenheiten

In den meisten **Pubs** und in vielen **Cafés** muss man **Essen und Getränke an der Theke bestellen und be-**

⊡ *Fangfrische Leckereien aus dem Meer bekommt man auf dem Sydney Fish Market (s. S. 44)*

zahlen. Ein Schild (z. B. „Please order here") macht zuweilen auf die Gepflogenheit aufmerksam. Beim Bestellen bekommt man eine Nummer oder muss seine Tischnummer nennen. Das Bestellte wird dann an den Tisch gebracht oder man wird aufgerufen, wenn das Essen fertig ist. Die Getränke muss man im Pub fast immer gleich selbst mitnehmen.

Lokale, in denen die Tische hübsch gedeckt sind, nehmen die Bestellung am Tisch auf und rechnen erst am Schluss ab. Manchmal gibt es hier ein Schild „**Please wait to be seated**", man wartet also, bis einem ein Platz zugewiesen wird.

Trinkgeld zu geben, ist in Australien **eher unüblich**. Nur in den besseren Restaurants gibt man ca. 10 %, wenn man mit allem sehr zufrieden war.

Wer im Hotel oder Café **frühstückt**, wird meist Aufschnitt vermissen, denn beim **continental breakfast** gibt es nur Toast, Marmelade und Cerealien. Wer sich nach einer herzhaften Morgenmahlzeit sehnt, sollte nach einem **cooked breakfast** Ausschau halten, dann gibt es Eier und Speck in diversen Varianten.

Foodcourt und Takeaway

Die **Foodcourts** in den Einkaufszentren der City sind ideal für ein preiswertes Lunch. Man bezeichnet damit eine Halle, in der verschiedene Anbieter unterschiedliche Gerichte und Getränke verkaufen, die man an den gemeinschaftlichen Sitzgelegenheiten in der Mitte der Halle essen kann. Sie sind den üblichen Fastfoodketten meist vorzuziehen (apropos: Burger King firmiert in Australien als Hungry Jack's). Im **Angebot** der Foodcourts sind häufig Sandwiches, herzhaft gefüllte Küchlein und Teigtaschen, Salate, Pizza und Pasta, chinesisches oder thailändisches Essen, Sushi, mexikanische oder malaiische Gerichte, Falafel und Gyros, eine Saftbar, Eis, Kaffee und Kuchen ... Die Öffnungszeiten richten sich nach denen des jeweiligen Einkaufszentrums.

Ebenfalls günstig sind **Takeaway-Cafés**, in denen es vor allem Sandwiches und Salate zum Mitnehmen gibt. Diese Cafés haben meist nur werktags geöffnet.

Sucht man eine ganz bestimmte Kochrichtung bzw. ein bestimmtes Lokal, kann man die App **Zomato** installieren, wo man Bewertungen zu so ziemlich jedem Lokal in Sydney findet (kostenlos für Android und iOS).

Empfehlenswerte Lokale

Restaurants

📍**46** [E5] **@Bangkok** $$, 730–742 George St, Chinatown, Tel. 92115232, geöffnet: Mo.–Do. 11.30–2, Fr./Sa. 11.30–4, So. 11.30–3 Uhr. Thai-Restaurant im Café-Stil. Besonders beliebt bei Studenten, die gern preiswert und gut essen.

📍**47** [G5] **Almond Bar** $$, 379 Liverpool St, Darlinghurst, Tel. 93805318, geöffnet: Di.–Sa. 17.30–22.30, So. 17.30–21.30 Uhr. Wunderbare orientalische Mezze-Leckerbissen und eine Vielfalt an Mandelleckereien, interessante Bar und gute Cocktailkarte.

📍**48** [E2] **Altitude** $$$–$$$$, 36. Stock des Hotels Shangri-La, 176 Cumberland St, The Rocks, Tel. 92506123, geöffnet: Mo.–Sa. 18–22 Uhr. Fantastische Aussicht aus der Vogelperspektive auf den Hafen. Hier munden in gediegener Atmosphäre Gerichte der modernen australischen Küche wie Wagyu-Rindfleisch oder australische Dorade.

📍**49** [G5] **A Tavola** $$$, 348 Victoria St, Darlinghurst, Tel. 93317871, geöffnet: Mo.–Sa. 18–23, Fr. auch 12–15 Uhr. Authentischer Italiener mit variationsreichen Antipasti, frischer Pasta und frischen Gnocchi. Als nächster Gang bieten sich Fisch oder Schweinebauch an, gefolgt von himmlischen Desserts. Ein zweites Restaurant gibt es in Bondi Beach: The Hub, 75–79 Hall Street, Tel. 91301246, geöffnet: Mi.–So. 12–15, Mo.–So. 17.30–23 Uhr.

50 [H4] **Bay Bua Vietnamese Restaurant & Bar** $$, 2 Springfield Av, Potts Point, Tel. 93583234, geöffnet: Mo.–Do. 17.30–22.30, Fr./Sa. bis 23 Uhr. Hervorragende, authentisch vietnamesische Leckereien. Kulinarischer Genuss, ohne dass man gestylt sein muss.

51 [H4] **Billy Kwong** $$-$$$, 28 Macleay St, Potts Point, Tel. 93323300, 17.30–22, Fr./Sa. bis 23, So. bis 21 Uhr. Billy Kwong ist ein kleines, modernes chinesisches Restaurant in der hippen Gegend Potts Point.

52 [E5] **Chef's Gallery** $$, Shop 12, 501 George St (Eingang von Bathurst St), Tel. 92678877, geöffnet: Mo.–Mi 11.30–15 und 17.30–22, Do./Fr. 11.30–15 und 17.30–22.30, Sa. 11.30–22.30, So. 11.30–22 Uhr. Modernes chinesisches Restaurant mit mehr als 50 Gerichten, darunter handgemachtes Eiertofu und andere vegetarische Gerichte.

53 [IV] **Coogee Rooftop** $, 169 Dolphin St, Coogee, Tel. 92403000, geöffnet: Mi.–So. 12–24 Uhr. Von der Dachterrasse hat man einen wundervollen Blick auf das Meer und Coogee Bay. Simple, mediterrane Leckerbissen zum Cocktail, Bier oder Wein sind da genau das Richtige zum Chillen. Im Erdgeschoss kann man im Coogee Pavillion $$-$$$ entweder Pizza essen oder seinen Gaumen à la carte verwöhnen lassen.

54 [III] **Gelbison** $$, 10 Lamrock Ave, Bondi Beach, Tel. 91304042, geöffnet: tägl. 17–23 Uhr. Der alteingesessene Italiener hat mehr als 30 Pizzas mit dünnem, knusperigem Boden und 20 Pastagerichte zur Auswahl.

Smoker's Guide

Das Rauchen ist in Australien seit 2007 **in allen geschlossenen Räumen** wie Einkaufszentren, Restaurants, Cafés und Pubs **verboten**. Die einzige **Ausnahme** sind Biergärten, Balkone oder Terrassen: Dort darf je nach Lokal geraucht werden, entsprechende Schilder machen darauf aufmerksam. Das **Hinterlassen von Zigarettenstummeln**, z. B. auf dem Bürgersteig, wird mit einem **Bußgeld** von 60 $ bestraft, das einer brennenden Zigarette mit 200 $.

Alkohol und Minderjährige

Der Verkauf von **Alkohol** an Minderjährige (unter 18 Jahren) ist strafbar. In allen Etablissements mit Alkoholausschank sollte man sich daher hüten, für Minderjährige alkoholische Getränke zu bestellen. Darüber hinaus gilt ein **Mindestalter von 18 Jahren** für den abendlichen **Einlass in Bars, Diskotheken und Klubs.** Man sollte einen Ausweis bei sich führen, denn man wird im Zweifel gebeten, sein Alter nachzuweisen.

Wichtig beim Bestellen

Short Black	–	Espresso
Flat White	–	Espresso und warme Milch (kein Milchschaum)
Latte	–	bei uns als Latte Macchiato bekannt
Long Black	–	normale große Tasse Kaffee

Gastro- und Nightlife-Areale

Bläulich hervorgehobene Bereiche in den Karten kennzeichnen Gebiete mit einem dichten Angebot an Restaurants, Bars, Klubs, Discos etc.

(55) [E5] **Golden Century Seafood Restaurant** $$$, 393–399 Sussex St, Chinatown, Tel. 92123901, geöffnet: tägl. 11.30–15, 17.30–23 Uhr, Fr./Sa. bis 24 Uhr Uhr. Eines der besten kantonesischen Restaurants der Stadt, das auf Fisch und Meeresfrüchte spezialisiert ist. Isst man mindestens zu dritt, sollte man je ein Gericht pro Person plus ein Gericht extra zum gemeinsamen Verkosten bestellen.

(56) [D4] **Hurricane's Grill** $$-$$$, 2. Stock Harbourside, Darling Harbour, Tel. 92112210, geöffnet Mo.–Fr. 12–15, 17–23, Sa./So. 12–23 Uhr. Den Blick auf Darling Harbour bei einem perfekten Steak genießen: Kein Wunder, dass man hier schon mal auf seinen Tisch warten muss.

(57) [E4] **La Rosa** $$$, 2. Stock, The Strand Arcade, Pitt Street Mall, Tel. 92231674, geöffnet: Mo.–Sa. 12–23 Uhr. Gemütlich-schummerige Beleuchtung in einer vorwiegend in schwarz gestylten, italienischen Weinbar. Exquisite Steinofenpizzas und 50 verschiedene italienische Liköre zur Auswahl. Gerichte auch zum Mitnehmen.

(58) [F5] **Longrain** $$$, 85 Commonwealth St, Surry Hills, Tel. 92802888, geöffnet: Fr. 12–14.30, Mo.–Fr. 18–23, Sa./So. 17.30–23 Uhr. Typisch australisch und gepaart mit moderner Thai-Cuisine. Angesagt vor allem bei den 30- und 40-Plussern und definitv einen Umweg wert. Hier speist man mit anderen Restaurantbesuchern an einem Tisch.

Preiskategorien

Durchschnittlicher Preis für ein Hauptgericht ohne Getränk.

$	bis 18 $ (bis 12 €)
$$	18–25$ (12–17 €)
$$$	25–35 $ (17–23 €)
$$$$	über 35 $ (über 23 €)

(59) [E5] **Mamak** $-$$, 15 Goulburn St, Chinatown, Tel. 92111668, geöffnet: tägl. 11.30–14.30, 17.30–22, Fr./Sa. bis 2 Uhr. Hervorragende malaiische Küche. Dem Koch bei der Zubereitung zuzuschauen, während man noch draußen auf dem Bordstein Schlange steht, ist fabelhaft.

(60) [II] **Manly Fish Cafe** $$-$$$, 25 South Steyne Rd, Manly, Tel. 99773030, geöffnet: So.–Do. 11–21.30, Fr./Sa. bis 22 Uhr. So nah am Meer ist der Fisch immer frisch. Hier kann man sich durch die besondere Palette der Fische und Meeresfrüchte aus den lokalen Gewässern probieren.

(61) [III] **Moo Gourmet Burgers** $, 70A Campbell Pde, Bondi Beach, Tel. 93008898, weitere Filiale: 242 Coogee Bay Rd, Coogee, Tel. 96644300, geöffnet: tägl. 11–22 Uhr. Fantasiereiche Burgervariationen mit leckeren, handgeschnittenen Pommes und himmlischen Eiskreationen zum Dessert.

(62) [F2] **Quay** $$$$, Overseas Passenger Terminal, The Rocks, Tel. 92515600, geöffnet: Fr.–So. 12–13.30, tägl. 18–21.30 Uhr. Kreativ-elegante Menüs, die man zusammen mit einer hervorragenden Flasche australischem Wein verkosten sollte. Das Restaurant rangiert seit Jahren unter den 100 weltbesten Restaurants.

(63) [E2] **Sailors Thai Canteen** $$$, 106 George St, The Rocks, Tel. 92512466, geöffnet: Mo.–Fr. 12–15, Mo.–So. 17–22 Uhr. Feine Thai-Küche in einem charmanten historischen Gebäude, wo einst die Matrosen ein und aus gingen.

(64) [E2] **Saké** $$-$$$, 12 Argyle St, The Rocks, Tel. 92595656, geöffnet: Mo.–So. 12–14.30, Mo.–Do. 17.30–22.30, Fr./Sa. 17.30–23.30, So. 17–22 Uhr. Sushi, Sashimi, raffinierte Kreationen mit Fisch und Meeresfrüchten und Wagyu-Steak für den Fleischliebhaber.

65 [F6] **Spice I Am** $$-$$$, 90 Wentworth Ave, Surry Hills, Tel. 92800928, geöffnet: Di.–So. 11.30–15.30, 17.30–22 Uhr. Authentische Thai-Gerichte, für die man einen Tisch reservieren sollte, denn das Restaurant ist so gut, dass es immer voll ist. Eine weitere Niederlassung gibt es u. a. in Darlinghurst: 296–300 Victoria Street.

66 [E5] **Thanon Khaosan** $$, 413 Pitt St, Chinatown, Tel. 92111194, geöffnet: So.–Mi. 11–23, Do.–Sa. 11–3 Uhr. Gemütliches kleines Thai-Restaurant, dessen Aufmachung an typische Lokale in Thailand erinnert – das Motortaxi am Eingang sorgt für die nötige Nostalgie.

67 [F3] **The Governor's Table** $$$-$$$$, Phillip St/Ecke Bridge St, Tel. 92411788, geöffnet: Mo.–Fr. 12–15, Sa. 8.30–15, So. 9–15, Di.–Sa. 17.30–22 Uhr. Linguine, Schnapper, Schwertfisch, Lamm, Risotto, Brunch oder einen Drink in der Bar. Hier gibt es einfach alles.

68 [H3] **Yellow** $$-$$$, 57 Macleay St, Potts Point, Tel. 9332244, geöffnet: tägl. 15–22 Uhr, Sa./So. 8–15 Uhr. Populär für Frühstück oder Brunch am Wochenende, am Abend eine kleine, feine Karte, darunter interessante vegetarische Kreationen.

Pubs

In Sydney wimmelt es von klassischen Pubs, in denen ebenfalls Mahlzeiten serviert werden. Die nachfolgenden Lokale sind zu den angegebenen Zeiten zum Essen gehen sehr zu empfehlen. Getränke werden natürlich durchgehend serviert, auch nachdem die Köche ihre Schürzen für den Tag an den Nagel gehängt haben.

☐ *Das Three Wise Monkeys (s. S. 80) am Rand von Chinatown ist eine Institution bei sportbegeisterten Einheimischen*

Hotels/Pubhotels

Das Wort *hotel* hat **im australischen Englisch mehrere Bedeutungen.** Früher verstand man darunter aber vor allem ein Etablissement, in dem Männer in der *public bar* im Erdgeschoss etwas trinken gingen, während Frauen und Kinder nur der Zutritt in die *ladies lounge* gestattet war. In den oberen Etagen wurden Gästezimmer mit Gemeinschaftsbadezimmern nach Geschlechtern getrennt vermietet.

Auch heute trifft man noch auf viele alte **Eckkneipen,** in deren Namen *hotel* vorkommt, obwohl sie längst nicht mehr alle Gästezimmer anbieten. Heute sind die meisten von ihnen einfach nur Pubs oder Restaurants und betreiben darüber hinaus oft einen sogenannten *bottleshop,* d. h. ein Geschäft zum Verkauf von Wein, Spirituosen und gelegentlich auch Bier.

🍷**69** [E5] **Civic Hotel** $$, 388 Pitt St, Tel. 80807000, geöffnet: tägl. 12–13, Mo.–Do. 18–21 Uhr. Denkmalgeschützte Art-déco-Kneipe aus den 1930er-Jahren mit modern-griechischer Speisekarte, betrieben von zwei TV-Köchinnen von „My Kitchen Rules". Freitags ab 17 Uhr Cocktails im 1. Stock. Im Kellergeschoss gibt es auch einen Nachtklub.

❭ **Coogee Bay Hotel (Brasserie)** $$$, Coogee Bay Hotel (s. S. 123), Tel. 96650000, geöffnet: Mo.–Fr. 7–10, Sa./So. 7–10.30, Mo.–Sa. 11–22, So. 11–21.30, Fr./Sa. bis 2, So. bis 24 Uhr. Eine der besten Adressen in Coogee. Sehr gute Kneipenmahlzeiten im Biergarten mit Blick auf den Strand.

🍷**70** [E4] **Dot's Rooftop,** im Hotel Sweeney's, 236 Clarence St/Ecke Druitt St, City, Tel. 92671796, geöffnet: Mo.–

Sa. 9–3, So. 10–21 Uhr. Einmal die Treppen zur Dachterrasse hinaufgeklettert, kann man es im Anblick der Skyline gut bei einigen Drinks aushalten. Im thailändischen Lola's Bistro $ im 2. Stock kann man preiswert essen.

🍷**71** [E1] **Harbour View Hotel** $$, 18 Lower Fort St, The Rocks, Tel. 92524111, geöffnet: Mo.–Fr. 11–24, So. 11–22 Uhr. Die Gerichte am Kneipentresen sind gut und preiswert. Die Lage mit Blick auf die Unterseite der Sydney Harbour Bridge ist einmalig anders.

🍷**72** [E1] **Hero of Waterloo,** 81 Lower Fort St, Tel. 92524553, www.heroofwaterloo. com.au, geöffnet: tägl. 11–15, 17–22 Uhr. Echtes Pub-Urgestein mit irischem Einschlag, in dem täglich Livejazz, -folk oder irische Musik geboten wird.

🍷**73** [E2] **Lord Nelson Brewery Hotel,** 19 Kent St, www.lordnelsonbrewery. com, Tel. 92514044, geöffnet: Do./Fr. 12–15, Di.–Sa. 18–22 Uhr (Bar Mo.–Sa. 11–23, So. 12–22 Uhr). Einer der ältesten Pubs Australiens, nach wie vor werden sechs Biere selbst gebraut.

🍷**74** [I7] **Paddington Inn** $$, 338 Oxford St, Paddington, Tel. 93805913, geöffnet: Mo.–Do. 12–24, Fr./Sa. 12–1 Uhr, So. 12–22 Uhr. Die Klientel und die Musik sind jung und hipp und das Essen ist gut: Rib-Eye-Steak oder gegrillter Lachs und andere gekonnte Standards.

🍷**75** [E2] **The Glenmore Rooftop Hotel** $$, 96 Cumberland St, The Rocks, Tel. 92474794, geöffnet: So.–Do. 11–24, Fr./Sa. bis 1 Uhr. Auf dem Bürgersteig, auf der Dachterrasse mit Blick auf die Sydney Harbour Bridge oder drinnen: eine tolle Location. In diesem traditionellen Pub von 1921 überzeugt die Speisekarte mit guten, einfachen Gerichten.

🍷**76** [G6] **The Local Taphouse** $$–$$$, 122 Flinders St, Darlinghurst, Tel. 93600088, Küche: Mo.–Sa. 12–21.30, So. 12–21 Uhr. Tolle Dachterrasse, die vor allem wegen ihrer über 40 Biersorten von Kleinbrauereien besucht wird.

⊖77 [II] **The Steyne Hotel** $$-$$$, 75 The Corso, Manly, Tel. 99774977, geöffnet: Mo.–Do. 11–21, Fr.–So. 8–21 Uhr. Mit Blick auf den Strand und daher immer gut besucht, bei Tage auch von Familien. Die Gerichte sind einfach, schnell und preiswert, aber einfach gut.

⊖78 [B5] **Toxteth Hotel** $$-$$$, 345 Glebe Point Rd, Glebe, Tel. 96602370, geöffnet: Mo.–Sa. 10–24, So. 11–24 Uhr. Seit über 150 Jahren gehen die Einheimischen hier ein und aus. Das Rezept herzhafte Küche gepaart mit guter Bier- und Weinauswahl gefällt einfach.

Cafés und Imbisse

In einer Stadt wie Sydney ist immer ein Café oder ein Imbiss in der Nähe. Ein Café ist übrigens keinesfalls ein Ort, wo es nur Kaffee und Kuchen gibt, man bekommt dort auch Frühstück, Sandwiches und Mittagsgerichte.

Die meisten Restaurants und Pubs haben eine Alkoholausschanklizenz, Cafés aber seltener. Hier ist deshalb oft „BYO (Bring your own)" möglich, d.h., man bringt eine Flasche Wein mit, die Bedienung öffnet sie und stellt Gläser zur Verfügung. Dafür fällt meist eine *corkage fee* von bis zu 8 $ pro Person oder Flasche an.

⊘79 [C6] **Badde Manors Cafe** $, 37 Glebe Point Rd, Glebe, Tel. 96603797, geöffnet: tägl. 7.30–24, Fr./Sa. bis 2 Uhr. Vegetarisch, vegan, glutenfrei, nussfrei, was auch immer für besondere dietäre Wünsche man hat, hier bereitet man schmackhafte Gerichte zu.

⊖80 [H5] **Bills (1)** $-$$, 433 Liverpool St, Tel. 93609631, geöffnet: Mo.–Sa. 7.30–15, So. 8–15 Uhr. Eine Starkoch-Adresse für das Frühstück. Nach einem *Full Aussie Breakfast* mit Bio-Rührei, getoastetem Sauerteigbrot, Speck,

Tomate, Champignons und Fenchelsoße hat man Energie für den Rest des Tages.

⊖81 [III] **Bills (2)** $-$$, 79 Hall St, Bondi Beach, Tel. 84120700, geöffnet: Mo.–So. 7–22 Uhr. Im Gegensatz zu den beiden anderen Filialen in Darlinghurst und Surry Hills (359 Crown St) bekommt man hier außer einem wundervollen Frühstück und Mittag- auch ein Abendessen.

⊖82 [E5] **Encasa Deli** $-$$, 135 Bathurst St, Tel. 92834277, geöffnet Mo.–Fr. 7–17.30, Sa. 9–16 Uhr. Spanischer Delikatessenladen mit gutem Kaffee und herrlichen Baguettes. Es gibt zudem ein zugehöriges Restaurant (423 Pitt Street), wo man auch zu Abend essen kann.

⊖83 [E2] **Fine Food Store** $, The Rocks Centre (Ecke Kendall Ln und Mill Ln), The Rocks, geöffnet: Mo./Di. 7–17, Mi.–Sa. 7–22, So. 7.30–17 Uhr. Delikatessengeschäft mit Café, in dem man die Leckereien von verschiedenen Anbietern aus Sydney verkösten kann. Lecker und immer gut besucht.

⊖84 [III] **Gertrude & Alice Cafe Bookstore** $, 46 Hall St, Bondi Beach, Tel. 91305155, geöffnet: tägl. 7.15–23 Uhr, WLAN. In diesem charmanten Café genießt man sein Frühstück oder eine andere Mahlzeit inmitten vollgestopfter Regale mit Secondhandbüchern, die zum Verkauf angeboten werden.

❯ **Icebergs** $, Bondi Icebergs (s. S. 57), geöffnet: Di.–Fr. 7.30–14, Sa./So. 7.30–15 Uhr. Die Location ist einfach alles. Von hier aus hat man den besten Blick auf die Bucht von Bondi Beach und den Pool der Bondi Icebergs. Guter Kaffee, leckere Smoothies, gesundes Frühstück und einfache belegte Paninis auf der Terrasse. Gehobene italienische Küche im Dining Room.

⊖85 [E4] **Le Grand Café** $, Alliance Française, 257 Clarence St, Tel. 92647164, geöffnet: Mo.–Do. 8–18.15, Fr. 8–16.30, Sa. 8–14 Uhr.

0016sy Abb.: eg

Sehnsucht nach einem richtigen Croissant, Pain-au-chocolat, Brioche, Croque Monsieur oder einem belegten Baguette wie in Frankreich? Hier kann man sie stillen und dabei ganz nebenbei die formvollendete Architektur des von Harry Seidler entworfenen Gebäudes begutachten.

86 [E4] **Mecca** $^{\$-\$\$}$, 67 King St, Tel. 92998828, geöffnet: Mo.–Fr. 6–16.30 Uhr. Hier dreht sich alles um den Kaffee, aber zum Frühstück und Lunch findet man auch etwas. Weitere Niederlassung: 1 Alfred St. Tel. 92527668, geöffnet: Mo.–Fr. 7–15.30 Uhr.

87 [E4] **Medusa Greek Meze 4** $^{\$-\$\$}$, 31 Market St, Tel 92832423, geöffnet: Mo./Di. 7–17, Mi.–Fr. 7–22, Sa. 17–22 Uhr. Griechische Spezialitäten, Meze-Platte, aber auch Gyros.

88 [E5] **Misschu** $^{\$}$, 501 George St, Tel. 92830357, geöffnet: tägl. 11–21.30 Uhr. Vietnamesische Leckerbissen in Reispapier, davon viele vegetarisch. Auch in Bondi Beach (178 Campbell Pde) und Darlinghurst (185 Bourke St).

89 [F2] **Opera Kitchen** $^{\$\$-\$\$\$}$, Lower Concourse, Sydney Opera House, Circular Quay, geöffnet: tägl. 7.30 Uhr bis spät. Der Hafenblick ist einmalig, das Essen von den fünf Anbietern (u. a. französische Patisserie Bécasse, erstklassige Burger bei Charlie & Co. und Sushi bei Kenji) ist einfach nur lecker.

90 [G5] **Playa Takeria** $^{\$}$, 132 Darlinghurst Rd, Darlinghurst, Tel. 93324206, geöffnet: Mo. 6–22, Di.–Fr. 11–15, Di.–Do. 18–22, Fr. 18–23.30, Sa./So. 11–21 Uhr. Tacos und andere Texmex-Gerichte, davon viele vegetarisch.

91 [G2] **Poolside Café** $^{\$}$, Andrew (Boy) Charlton Pool, 1C Mrs Macquaries Rd, The Domain, Tel. 83541044, tägl. 7.30–16 Uhr. Am Rande des Botanischen Gartens gelegen, mit Blick auf die Schwimmer im beliebten Freibad und auf die Marinebasis – einer der besten Orte für ein entspanntes Frühstück oder einen Lunch, eventuell nach einer Runde Schwimmen?

92 [C6] **Sappho Books, Cafe & Wine Bar** $^{\$-\$\$}$, 51 Glebe Point Rd, Glebe, Tel. 95524498, geöffnet: Mo./Di. 7.30–19, Mi.–Fr. 7.30–23, Sa. 8.30–23, So. 9–19 Uhr. Secondhandbuchladen und Antiquariat, bei Tage ein studentisch-gemütliches Café, abends Wein- und Tapasbar.

93 [III] **The Earth Food Store** $^{\$}$, 81A Gould St, Bondi Beach, geöffnet: tägl. 7–17.30, Laden bis 19 Uhr. Bioladen mit kleinem Café. Täglich wechselnde vegetarische und glutenfreie Mahlzeiten – auch zum Mitnehmen an den Strand.

◻ *Beim Frühstück in einem der vielen Cafés*

Für den späten Hunger

In den meisten genannten Nachtklubs und Bars wird auch zu später Stunde noch der ein oder andere Happen serviert, schließlich weiß man um den Hunger der trinkenden Bevölkerung. Darüber hinaus sind zu empfehlen: **@Bangkok** (s. S. 70), **The Basement** (s. S. 80), die Imbissstände **Harry's Café de Wheels** (s. S. 46), das **Golden Century Seafood Restaurant** (s. S. 72), **Mamak** (s. S. 72) und **Thanon Khaosan** (s. S. 73).

Dinner for one

Ganz allein an einem Tisch für vier oder mehr Personen zu sitzen, das liegt nicht jedem. Bei Tag ist es kein Problem, denn in den Cafés der Stadt genießen viele Sydneysider ihr Frühstück oder Mittagessen ebenfalls allein. Am Abend empfiehlt sich ein Pubbesuch in folgenden Lokalen: **The Arthouse Hotel** (s. S. 80), **Civic Hotel** (s. S. 74), **Coogee Bay Hotel** (s. S. 123), **Encasa Deli oder Restaurant** (s. S. 75), **The Glenmore Rooftop Hotel** (s. S. 74), **Harbour View Hotel** (s. S. 74), **Light Brigade Hotel** (s. S. 51), **The London Hotel** (s. S. 51), **Paddington Inn** (s. S. 74), **The Steyne Hotel** (s. S. 75) oder **Toxteth Hotel** (s. S. 75). Man bestellt eine Tresenmahlzeit und lernt so vielleicht andere Reisende oder wahre Sydneysider kennen. Einfache, asiatische Lokale eignen sich ebenfalls fast immer für eine Mahlzeit allein.

Lokale mit Meeresblick

Die natürliche Schönheit der Millionenstadt Sydney kann man in folgenden Lokalen an den beliebtesten Stränden bei einer leckeren Mahlzeit genießen: **Icebergs** (s. S. 58) am Bondi Beach oder Coogee Bay Hotel (s. S. 123) und Coogee Rooftop (s. S. 71) am Coogee Beach oder

Manly Fish Cafe (s. S. 72), **The Pantry Manly** (s. S. 62) oder **The Steyne Hotel** (s. S. 75) am Manly Beach.

Lecker vegetarisch

In Australien gibt es in den meisten Lokalen gute vegetarische Gerichte, so auch bei den folgenden Adressen: **Yellow** (s. S. 73), **Chef's Gallery** (s. S. 71), **Harts Pub** (s. S. 79), **Iku Wholefoods im Westfield Foodcourt** (s. S. 83), **Coogee Bay Hotel** (s. S. 123), **La Rosa** (s. S. 72), **The Earth Food Store** (s. S. 76), **The Glenmore Rooftop Hotel** (s. S. 74), **Longrain** (s. S. 72), **Misschu** (s. S. 76), **Bills** (s. S. 75), **Poolside Café** (Frühstück, s. S. 76), **Sappho Books, Cafe & Wine Bar** (s. S. 76), **The Tea Room** (s. S. 83) und **Toxteth Hotel** (s. S. 75).

Empfehlung für Veganer

Besonders kreativ ist das Superfood Sushi mit seinen rein veganen Sushivariationen wie Saigon Pickle aus schwarzem Reis, gefüllt mit vietnamesisch eingelegten Möhren, Daikonrettich, Babymais und umhüllt mit Avocado. Dafür nimmt man gern die Fahrt nach Newtown auf sich

🔴**94** [I] **Superfood Sushi** $-$$, 69–77 King St, Newtown, www.superfoodsushi.com. au, geöffnet: Mo.–Mi. 11–15, Do.–So. 11–21 Uhr

Ein weiteres Spitzenrestaurant ist das The Plant Gallery in Bondi Beach: Alles ist ohne Zucker und Milchprodukte, glutenfrei, roh und selbstgemacht! Beim Anblick der Gerichte läuft einem zwangsläufig das Wasser im Mund zusammen.

🔴**95** [I] **The Plant Gallery** $-$$, 95 Bondi Rd, Bondi Beach, Tel. 0433 050552, www.theplantgallery.com.au

Sydney am Abend

Das Nachtleben der Sydneysider gestaltet sich meist klassisch australisch. Am Donnerstag-, Freitag- und Samstagabend trifft man sich gleich nach der Arbeit mit Kollegen und/oder Freunden im Pub oder in einer Bar. Danach geht man essen und anschließend tingelt man vor allem freitags und samstags weiter durch die Szenelokale.

Da der traditionelle **australische Pub** nicht nur eine Kneipe ist, sondern fast immer auch gute Mahlzeiten serviert, kann es vorkommen, dass der Sydneysider hier sein Dinner einnimmt, dann Bier, Wein oder Cocktails trinkt und sich dabei mit Freunden unterhält, bis der Laden schließt. Generell sind Pubs in der Woche bis ca. 24 Uhr geöffnet, am Freitag und Samstag länger.

Die Tradition, dass in den Pubs am Wochenende **Rock- und Popbands** auftreten, ist fast nur noch in den Vororten und in The Rocks (s. S. 17) lebendig. In den Bars und Kneipen in der City legt eher ein **DJ** auf. Manch ein Pub wird so zu vorgerückter Stunde zum Nachtklub, in dem man tanzt. Die großen Musikacts treten auf den großen Bühnen und in den Stadien der Stadt auf.

Ebenso populär wie Pubs sind die durchgestylten **Bars und Klubs**, die man in ebenso durchgestylter Aufmachung besucht. Hier gibt es Fingerfood, Sushi, Sternekoch-verdächtige Häppchen und Gerichte gepaart mit einer gehobenen Wein- und Cocktailkarte. Hier legen oftmals DJs auf und sorgen für die notwendigen „Vibes". Sehen und gesehen werden spielt eine große Rolle.

An den Wochenenden brummt es außerdem in den **Nachtklubs** und **Diskotheken** von Darling Harbour [D3], Kings Cross **39** und Darlinghurst [G5].

In vielen Restaurants und Klubs gibt es einen **Dresscode**. Oftmals ist die Rede von *smart casual,* dann erwartet man ganz einfach gut bis

⌃ Von den Manly-Fähren (s. S. 63) kann man die Stadt und das Opernhaus **11** *bei Dunkelheit am besten fotografieren*

schick gekleidete Menschen, bei Männern immer ein Hemd.

Bei vielen **Nachtklubs** gibt es eine ganze Reihe von Bedingungen. Als Beispiel hier der Dresscode des Marquee, wo die Devise „dress to impress" (also: sehr schick) herrscht. Hält man sich nicht dran, kommt man erst gar nicht rein.

Pubs und Bars

In den unter „Sydney für Genießer" genannten Pubs (s. S. 73) kann man essen gehen oder nur auf einen Drink einkehren. Nachfolgende Etablissements besucht man eher auf ein abendliches Kaltgetränk, aber in fast allen werden auch (kleine) Gerichte angeboten.

❼**96** [E2] **Blu Bar on 36,** 36. Etage des Hotels Shangri-La, 176 Cumberland St, The Rocks, Tel. 92506000, geöffnet: tägl. ab 17, Mo.–Do. bis ca. 22 Uhr, Fr./ Sa. bis 1, So. bis 23 Uhr. Hier kann man gemütlich einen Cocktail schlürfen und die fabelhafte Aussicht auf Sydney bei Nacht genießen.

❼**97** [F2] **Cruise Bar,** auf 3 Stockwerken im Overseas Passenger Terminal, The Rocks, Tel. 91191849, Küche geöffnet: So./Mi./Do. 17–24 Uhr, Fr./Sa. bis 1 Uhr. In der Junk Lounge im 1. Stock (Cocktails) wird an Gemeinschaftstischen gegessen (asiatisch inspiriert). Highlight ist die unschlagbar gute Sicht auf das Sydney Opera House und den Hafen. Im Erdgeschoss gibt es mediterrane Gerichte zu erschwinglichen Preisen und sogar ein Kindermenü, schließlich soll es auch den kleinen Kreuzfahrtgästen bei ihrem Landgang munden.

◗**98** [E2] **Harts Pub,** Essex St/Gloucester St (am Fuße des Hotels Shangri-La), The Rocks, Tel. 92516030, geöffnet: So. 11–23, Mo.–Mi. 11–24, Do.–Sa. 11–1 Uhr. Minibrauerei mit vier hauseigenen

Bieren und weiteren Sorten von kleinen australischen Brauereien. Für wahre Bierliebhaber.

❼**99** [II] **New Brighton Hotel,** 71 The Corso, Manly, Tel. 99773305, geöffnet Mo.–Do. 10–22/23, Fr. 10–3, Sa. 9–3, So. 9–24 Uhr. Tolle Bar, gemütliche Dachterrasse und angesagter Nachtklub (Programm/Zeiten: www.newbrightonhotel.com.au/shark_bar) in einem!

❼**100** [E3] **O Bar & Dining,** Level 47, Australia Square, 264 George Street, Tel. 92479777, geöffnet: tägl. ab 17 Uhr. Die aufregende Bar befindet sich im 47. Stock des Australia-Square-Gebäudes, das sich um sich selbst dreht und so in 105 Minuten eine komplette Rundumsicht der Skyline von Sydney bietet. Achtung: Der Lift zur 47. Etage ist an der von der Straße abgewandten Seite. Viele exklusive Bargerichte für 18–30 $, Cocktails für 18–25 $. Mindestalter: 18 Jahre. Gepflegte Kleidung notwendig. Die Bar nimmt nur die eine Hälfte des Stockwerks ein, in der anderen Hälfte ist das gehobene Restaurant untergebracht, in dem Michael Moore kocht. Hier muss man mind. zwei Gänge bestellen.

◗**101** [E2] **The Australian Heritage Hotel,** 100 Cumberland St, The Rocks, Tel. 92472229, geöffnet: Mo.–Sa. 11.30 Uhr bis spät, So. 11.30–23 Uhr. 120 Biere auf der Karte und Gourmetpizzas locken Touristen aus aller Welt. Das Ambiente in diesem denkmalgeschützten Pub von 1913 ist einfach gut.

EXTRATIPP

Kleinkunst und Kabarett

⚫109 [E4] **The Arthouse Hotel,** 275 Pitt St, Tel. 92841200, www.theart househotel.com.au, Küche: Mo.– Mi. 11–23, Do. 11–24, Fr. 11–1, Sa. 17–1 Uhr. Eine der erstaunlichsten Kneipen in einer ehemaligen Kunstschule aus dem Jahr 1836, in der man sehr gut essen gehen kann oder aber zu später Stunde die Cocktailkarte unter die Lupe nehmen sollte. Kunstausstellungen, Varieté und Kabarettvorstellungen machen den Abend hier regelmäßig zu etwas Besonderem.

Nachtleben

In einer Metropole wie Sydney gibt es eine Vielzahl an Musiktempeln, Discos, Jazzkellern, Kleinkunstbühnen, Szenetreffs, Kabarettbühnen, Nachtbars usw. Die folgenden Tipps befinden sich in den touristisch interessanten Stadtteilen.

Livemusik

〉 **Civic Underground,** im Civic Hotel (s. S. 74), www.universalhotels.com. au/civic-underground. Livemusik und DJs (Techno, Deep House).

〉 **Coogee Bay Hotel** (s. S. 123). Hervorragendes Hotel, gemütlicher Biergarten und fünf weitere Bars, ein Nachtklub, ein gutes Restaurant und täglich Livemusik in der Beach Bar: Mo./Di. ab 21, Mi.– Sa. ab 22, So. ab 19.30 Uhr.

⚫102 [E5] **Goodgod 'Small Club',** 55 Liverpool St, www.goodgodgood god.com, geöffnet: Mi. 17–23, Do. bis 1, Fr. bis 3, Sa. 18–3 Uhr (Küche Mi.– Fr. 17–22, Sa. 18–22 Uhr), Eintritt: bis zu 20 $. Kleiner Klub mit regelmäßigen Rock- und Punkbandauftritten sowie Dancefloor-Events.

〉 **MCA ARTBAR,** im MCA ❷. Jeden Freitagabend gibt es hier ab Einbruch der Dunkelheit Musik, Ausstellungen und Design, zusammengestellt von einem Gast-Kurator. Mal etwas anders!

⚫103 [E5] **Metro Theatre,** 624 George St, www.metrotheatre.com.au. Konzertbühne für bekannte nationale und internationale Independent-Rockkonzerte.

⚫104 [F5] **Oxford Art Factory,** 38–46 Oxford St, Darlinghurst, www.oxford-artfactory.com, geöffnet: Mo.–So. ab 18 Uhr. Mal Livemusikbühne, mal DJs und mal einfach nur eine coole Bar.

⚫105 [F2] **The Basement,** 7 Macquarie Pl, Circular Quay, Tel. 92512797, www. thebasement.com.au, geöffnet: tgl. 12–1 Uhr. Der seit 40 Jahren fest etablierte Klub ist vor allem abends gut besucht. Fast täglich Jazz, Burlesque, Rock, Akkustik, Dance, Rap, Indie oder Comedy live. Gutes Restaurant!

⚫106 [E3] **The Bristol Arms,** 81 Sussex St, Tel. 92622693, www.thebristolarms. com.au, Küche: Mo.–Sa. 12–14.30, 17.30–22 Uhr. Burger, Fish and Chips oder ein Schnitzel gefällig? In diesem klassischen Pub kein Problem! Do./Fr. von 18 bis 22 Uhr akkustische Livemusik auf der Dachterrasse.

⚫107 [H5] **The World Bar,** 24 Bayswater Rd, Kings Cross, www.theworldbar. com, geöffnet ab 15 Uhr. Bekannt für Indie-Livemusik. Je nach Wochentag ein anders Programm.

⚫108 [E5] **Three Wise Monkeys,** 555 George St, Chinatown, www.3wisemonkeys.com.au, geöffnet: So.–Do. 10–4, Fr./Sa. 10–5 Uhr. Hier stehen Touristen und Einheimische Schlange, um ein Bierchen zu trinken und täglich ab 19, 22 oder 22.30 Uhr der Livemusik zu lauschen.

〉 **Tokio Hotel @ Home,** im Home (s. S. 81). Sieben Tage Livemusic oder DJs. Montags Jam Session für Singer-Songwriter, Musiker und Dichter.

Nachtklubs

🔴**110** [E3] **Chinese Laundry,** 111 Sussex St (unter dem Pub Slip Inn), Darling Harbour, www.chineselaundryclub.com.au, geöffnet: Fr./Sa. ab 21 Uhr, Eintritt ab 17 $. Klub, in dem internationale DJs harten Techno und House auflegen.

🔴**111** [G6] **Ching a lings,** 133 Oxford St, Darlinghurst, www.ching-a-lings.tumblr. com, geöffnet. Di./Mi. 18–23, Do.–Sa. 18–1, So. 17–22 Uhr. Winziger Klub, den man nicht so leicht findet und in dem regelmäßig DJs auflegen oder auch ein Plattenlabel neue Alben vorstellt. Besonders beliebt: die Dachterrasse!

🔴**112** [D4] **Home,** 101 Wheat Rd, Cockle Bay Wharf, Darling Harbour, www.home sydney.com, Eintritt: bis 25 $. Riesige Disco mit acht Räumlichkeiten mit unterschiedlicher Musik. Man muss man sich aber in Schale werfen (Türsteher).

🔴**113** [C3] **Marquee,** The Star, Harbourside Entry via Pirrama Road, Pyrmont, www.marqueesydney.com, geöffnet: Fr./ Sa. ab 22 Uhr, Eintritt ab 10 $ (Fr.)/35 $ (Sa.). Klub für die junge, hippe Szene. Hier legen auch immer wieder international bekannte DJs auf. Dresscode!

🔴**114** [E3] **Pacha,** Ivy, 330 George St, www. pachasydney.com, Sa. 18.30–3.30 Uhr, Tickets ab 30 $. Einer der angesagtesten House- und Techno-Klubs der City für die betuchten „Unter-30er" mit Tanzshows.

🔴**115** [D4] **Pontoon Bar,** Cockle Bay Wharf, Darling Harbour, www.pontoonbar.com (man kann sich online auf die Gästeliste setzen lassen), Eintritt: bis 10 $. Am Wochenende ist hier der Bär los. Die Lage am Darling Harbour mit Blick auf die Cockle Bay macht die Pontoon Bar zu einer der attraktivsten Discos Sydneys.

🔴**116** [E2] **The Argyle,** 18 Argyle St, The Rocks, www.theargylerocks.com, Eintritt: ab 25 $. Nachtklub in atemberaubendem historischem Dekor mit fünf Bars und kleiner Tanzfläche. Beliebter Ort, um den Abend zu beginnen.

Theater, Film und Konzerte

Es gibt eine Vielzahl an Theatern und Konzertbühnen in Sydney, die jedoch nicht alle für Touristen interessant sind. Die wichtigsten Bühnen sind:

🟠**117** [F7] **Belvoir Theatre,** 18 und 25 Belvoir St, Surry Hills, Tel. 96993444, www.belvoir.com.au. Zeitgenössische australische Themen dargeboten von Weltklasse-Schauspielern.

🟠**118** [E1] **Roslyn Packer Theatre Walsh Bay,** 22 Hickson Rd, Walsh Bay (The Rocks), Tel. 92501777, www.sydneythe atre.com.au, Theaterkasse: Mo. 9–19, Di.–Fr. 9–20 Uhr, an Vorstellungstagen auch Sa. 12–20 Uhr, So. zwei Stunden vor der Vorstellung. Im März 2015 bekam das ehemalige Sydney Theatre seinen neuen Namen, geblieben ist das australische Staraufgebot auf der Bühne, z. B. Cate Blanchett, Geoffrey Rush, Richard Roxburgh, John Howard.

🟠**119** [E4] **State Theatre,** 49 Market St, City, Tel. 93736655, www.statetheatre. com.au. Ein opulentes, altes Theater, das vor allem für Konzerte, aber auch für das jährliche Filmfestival genutzt wird.

🔵**11** [F1] **Sydney Opera House.** Der Besuch des Opernhauses ist auch von innen zu empfehlen, am besten im Rahmen einer Veranstaltung. Man kann alternativ aber auch an einer Führung teilnehmen.

🟠**120** [E1] **The Wharf Theatres,** Pier 4, Hickson Rd, Walsh Bay (The Rocks), Tel. 92501777, www.sydneytheatre.com. au, Theaterkasse: Mo. 9–19.30, Di.–Fr. 9–20.30 Uhr, an Vorstellungstagen auch Sa. 11–20.30, So. zwei Stunden vor der Vorstellung. Zusammen mit dem Roslyn Packer Theatre *die* Theateradresse in Sydney. Modernes australisches Theater, Comedy und moderner Tanz (u. a. von der renommierten Aborigine-Gruppe Bangarra Dance Theatre, die traditionelle Elemente der Aborigines mit modernem Tanz zu einem neuen Stil kombiniert).

Ebenso gibt es in Sydney eine Vielzahl an **Kinosälen**. Die wichtigsten für Filmfestivals sind:

121 [H7] **Chauvel Cinema**, Oxford St (Ecke Oatley Rd), Paddington, www.palacecinemas.com.au. Programmkino.

122 [F2] **Dendy Opera Quays**, 2 Circular Quay East, Circular Quay, www.dendy.com.au. Programmkino.

123 [E5] **Event Cinemas**, 505–525 George St, City, www.eventcinemas.com.au. Blockbuster-Kino.

124 [G6] **Palace Verona**, 17 Oxford St, Paddington, www.palacecinemas.com.au. Programmkino.

Sydney für Kauflustige

In vielen Stadtteilen von Sydney befinden sich große Einkaufszentren und überall sind mehr oder weniger dieselben australischen und internationalen Ladenketten vertreten. Drum herum gibt es aber natürlich auch Einzelhändler. In der Innenstadt findet man ihre Geschäfte vor allem entlang der George Street ❶ *und in deren Nebenstraßen zwischen dem Hauptbahnhof und dem Fährterminal Circular Quay.*

Das Gros der **Einkaufszentren** befindet sich zwischen **Queen Victoria Buil**ding ⓴ und der Fußgängerzone **Pitt Street Mall** ⑱. Hier findet man mit Sicherheit alles, was das Herz begehrt. Abgesehen von den Geschäften gibt es darin die praktischen Foodcourts, in denen man eine Stärkung für die Shoppingtour zu sich nehmen kann. Liebhaber von kleinen **Modeboutiquen** sollten in **Paddington** entlang der **Oxford St** ⑭ bummeln, denn dort sind die australischen Modelabels angesiedelt. Für passionierte Marktgänger ist an einem Samstag der Besuch in Paddington oder Glebe Pflicht, denn dort finden wöchentlich die beiden besten **Märkte** der Stadt statt.

Shoppingmalls

125 [F4] **David Jones (1)**, 86–108 Castlereagh St, und

126 [F4] **David Jones (2)**, 65–77 Market St, www.davidjones.com.au, geöffnet: Sa.–Mi. 9.30–19, Do./Fr. bis 21 Uhr. Australische Warenhauskette. In der Castlereagh St befinden sich die Damen- und Kinderabteilungen. Die Herrenabteilung ist im Gebäude in der Market St.

☐ *Im QVB ⓴ kann man shoppen oder auf einen Kaffee einkehren*

🛑127 [E4] **Myer,** 436 George St, www.
myer.com.au, geöffnet: Mo.–Mi., Sa.
9–19, Do. bis 21, Fr. bis 20, So. 10–19
Uhr. Das Kaufhaus der australischen
Kette Myer ist an das Westfield Sydney
angeschlossen und bietet u. a. Kleidung
der Designerlabel Wayne Cooper, Sass
& Bide, Bettina Liano, Lisa Ho und des
Modeklassikers Bonds.

⓴ [E4] **Queen Victoria Building (QVB).**
Viktorianisches Einkaufsparadies mit
Flair auf fünf Ebenen. Im 2. Stock gibt es
eine Galerie mit Aboriginekunst und ein
Souvenirgeschäft.

🛑128 [E4] **The Strand Arcade,** 412–414
George St, www.strandarcade.com.au,
geöffnet: Mo.–Mi., Fr. 9–17.30, Do. bis
21, Sa. bis 16, So. 11–16 Uhr. WLAN.
Das viktorianische Einkaufszentrum bietet Boutiquen australischer Designerla-
bels wie Alannah Hill, The Corner Shop
und Farage. Einen Besuch wert ist der
australische Pralinenhersteller Haigh's.

🛑129 [E4] **Westfield Sydney,** Pitt Street
Mall/Market St, www.westfield.com.au/
sydney, geöffnet: Mo.–Mi., Fr./Sa.
9.30–18.30, Do. bis 21, So. 10–18
Uhr. WLAN. Vor allem Mode- und Schuh-
geschäfte, viele internationale Marken,
aber auch typisch australische Surfmar-
ken wie Billabong, Mambo, Roxy, Rip-
curl und Quicksilver (u. a. in Surf, Dive 'n
Ski, 1. Stock), das Bushkleidungs- und
Schuhlabel R.M. Williams (3. Stock)
sowie Läden der Modedesigner Carla
Zampatti (3. Stock), Ksubi (4. Stock),
Sass & Bide (4. Stock), Zimmermann (4.
Stock). Im Geschäft 100 Squared im 1.
Stock werden die Kreationen angesagter
australischer Modedesigner verkauft.

Shoppingareale
Die wichtigsten Shoppingbereiche der
Stadt sind im Kartenmaterial mit einer
rötlichen Fläche markiert.

KLEINE PAUSE

Shop 'n' Stop

> **Dymocks** (s. S. 85). In der Filiale
der größten australischen Buchladenkette kann man auf dem Mez-
zanine-Niveau gut frühstücken und
Mittag essen.

> **Westfield Sydney Foodcourt,** West-
field Sydney (s. S. 83), 5. Stock.
Der schickste Foodcourt mit Gourmetpizzas, edlen Fischgerichten,
französischer Patisserie, asiatischen Nudelgerichten, Sushi,
Pasta, Thaigerichten, Sandwiches
und vegetarische Vollkornkost – für
jeden Geschmack etwas.

> **The Tea Room,** Queen Victoria
Building ⓴, Nordende, 3. Stock,
geöffnet: tägl. 10–17 Uhr. Teesa-
lon mit Klasse, in dem man nicht
nur guten Tee, Morning Tea oder
High Tea serviert bekommt, sondern auch herrliche Gerichte zum
Lunch im viktorianischen Ambiente
des einstigen Tanzsaales genießen
kann.

Souvenirs

Typische Souvenirgeschäfte findet
man entlang der **George Street** ❶
zwischen Hauptbahnhof und Fährterminal Circular Quay ❽. **Originellere
Souvenirs** gibt es u. a. auf den Paddington Markets ㊹ oder den Glebe
Markets (s. S. 86). Ideal für den
Einkauf von Mitbringseln sind auch
die verschiedenen Shops der Muse-
en. Weitere empfehlenswerte Adressen sind:

> **Craft NSW Store** (s. S. 68), geöffnet:
tägl. 9.30–17.30 Uhr. Mitglieder der
Society of Arts and Crafts of NSW stellen
hier ihre kunsthandwerklichen Arbeiten
aus und bieten sie dem Besucher auch
zum Verkauf an.

104sy Abb.: eg

🔒**130** [D4] **Harbourside,** Darling Dr, Darling Harbour, geöffnet: tägl. 10–21 Uhr. Einkaufszentrum mit auf Touristen ausgelegten Geschäften mit Aboriginekunst, Holzarbeiten, T-Shirts, Porzellanwaren, Plüschtieren, australischer Surf- und Beachmode, Bushmodelabels wie R.M. Williams (Schuhe), UGG (Lammfellschuhe), Akubra (Hüte) und Drizabone (Mäntel).

🔒**131** [E6] **Paddy's Markets,** Hay St, Chinatown, geöffnet: Mi.–So. und feiertags (wenn ein Montag) 9–18 Uhr. Die Paddy's Markets sind der preiswerteste Ort für traditionelle Souvenirs „made in China". Bekannte Marken sucht man hier zwar vergebens, aber an den über 1000 Ständen gibt es Praktisches zum Schnäppchenpreis.

◁ *Die Paddy's Markets (s. o.) – ein Highlight für Schnäppchenfans*

Konfektionsgrößen

Hier eine Liste der mitteleuropäischen Bekleidungsmaße und ihrer australischen Entsprechungen. Bei Schuhen sind die Angaben je nach Herstellungsland (USA, Großbritannien, China, Italien, Australien etc.) unterschiedlich, daher sollte man im Geschäft nach der richtigen Größe fragen. Herrenhemden haben die europäischen Maße.

Herren
❯ *Herrenanzüge*

D	44	46	48	50	52	54	56
Australien	87	92	97	102	107	112	117

Damen

D	34	36	38	40	42	44	46
Australien	6	8	10	12	14	16	18

Kinder

D	50/56	62	68	74	80	86/92	98
Australien	0000	000	00	0	1	2	3
D	104	110	116	122	128	134	140
Australien	4	5	6	7	8	9	10

Mode

Die Boutiquen der australischen Modedesigner sind im 4. Stock des **Westfield Sydney** (s. S. 83), bei Myer (s. S. 83), im 1. und 2. Stock des **The Strand Arcade** (s. S. 83), aber auch entlang der **Oxford St 🔴** in Paddington zu finden. Auf weitere exklusive Mode- und Schuhboutiquen stößt man in der **William St** [I6/7] bis zur Ecke Hopetoun St. In **Paddington** und **Woollahra** bietet sich der Besuch von The Intersection an, einer Kreuzung, an der sich u. a. folgende namhafte Damenmodeboutiquen befinden:

🔴**132** [H6] **Alannah Hill,** 118–120 Oxford St, Paddington. Überaus feminine Damenmode nach Alt-Pariser Art.

🔴**133** [I7] **Belinda,** 43 William St, Paddington, im The Corner Shop, oder The Strand Arcade. Hippe Mode von Sydneys Modelegende Belinda Seper.

🔴**134** [H6] **Sass & Bide,** 132 Oxford St, Paddington. Leicht schräge Streetwear.

🔴**135** [H6] **Willow,** 3a Glenmore Rd, Paddington. Eher jugendliche, freche Designs vom neusten Modesternchen Kit Willow.

🔴**136** [H6] **Zimmermann,** 2–16 Glenmore Rd, Paddington. Bademode und legere Kleider.

Bücher, Video und Audio

In Australien gibt es **keine Preisbindung** für den Verkauf von Büchern, daher können die Preise für ein- und dasselbe Buch von Geschäft zu Geschäft bis zu 10 oder 15 $ variieren.

Viele in Australien herausgegebene Bücher zu sogenannten „**Australiana**", also rein australischen Themen wie z. B. die australische Flora und Fauna, australische Architektur, Literatur oder Geschichte, findet man nur in Australi-

Heimat der Opale

Nur in Australien findet man diese Edelsteine aus versteinerten Silikateinschlüssen. Der seltenste und teuerste ist der **Black Opal** mit schimmernden Lagen von tiefem Blaugrün oder Regenbogenfarben vor einem dunklen Hintergrund. Am preiswertesten ist der **White/Light Opal** mit seiner Vielzahl an Farben vor weißem oder hellblauem Hintergrund. Bei **Doublets** und **Triplets** werden dünne Schichten von Opal auf einen anderen Untergrund geklebt.

🔴**140** [E3] **The National Opal Collection,** 60 Pitt St, geöffnet: Mo.–Fr. 9–18, Sa. 10–17, So. 11.30–17 Uhr. Gutes Opal-Museum und Showroom in einem.

en und sollte sie daher vor Ort kaufen. Dasselbe gilt für CDs und DVDs.

Wenn man an Secondhandbüchern, -filmen, -CDs, -DVDs oder auch Schallplatten interessiert ist, sollte man sich auf den Märkten in Glebe und Paddington (s. S. 86) sowie entlang der Glebe Point Rd [B5/6, C6] in Glebe umsehen. Die interessanteste Buchauswahl findet man in den Shops der Museen und bei folgenden Adressen:

🔴**137** [C6] **DaCapo Music Books,** 51 Glebe Point Rd, 1. Stock, geöffnet: tägl. Mo./Di. 7.30–19, Mi.–Fr. bis 23, Sa. 8.30–23, So 9–19 Uhr. Noten und Publikationen über Musik.

🔴**138** [E4] **Dymocks,** 428 George St, geöffnet: Mo.–Mi., Fr. 9–19, Do. bis 21, Sa. 9.30–18, So. 10–18 Uhr. Alteingesessene Adresse der größten australischen Buchladenkette.

🔴**139** [B6] **Florilegium: The Garden Bookstore,** 65 Derwent St (Ecke Mitchell St), geöffnet: Di.–Fr. 10–18, Sa. 10–17 Uhr. Bücher für Gartenliebhaber.

> **Gertrude & Alice Cafe Bookstore**
(s. S. 75). Vollgestopfte Regale mit
Secondhandbüchern und ein charmantes Café.

🔴**141** [C6] **Gleebooks**, 49 Glebe Point Rd,
www.gleebooks.com.au, geöffnet: So.–
Mi. 9–19, Do.–Sa. 9–21 Uhr, Secondhand- und Kinderbücher: 191 Glebe
Point Rd, tägl. 10–19 Uhr. Fast täglich
Literaturlesungen u. Ä.

🔴**142** [E4] **Kinokuniya**, The Galeries,
2. Stock, 500 George St (gegenüber
dem QVB), www.kinokuniya.com.au,
geöffnet: Mo.–Mi., Fr./Sa. 10–19, Do.
10–21, So. 11–18 Uhr. Der Buchladen
bietet chinesische und japanische (auch
viel Manga) und überraschenderweise
auch deutsche und französische Bücher.

> **Library Shop**, State Library 🔟4️⃣, geöffnet:
Mo.–Fr. 9–17, Sa./So. 11–17 Uhr

> **Sappho Books, Cafe & Wine Bar**
(s. S. 76). Bei Studenten beliebtes
Antiquariat und Secondhandbuchladen.

> **Sydney Opera House Shop**, Sydney
Opera House ⓫, Lower Concourse,
geöffnet: tägl. 9–17 Uhr

> **The Garden Shop**, Royal Botanic Gardens ⓬, geöffnet: tägl. 9.30–17 Uhr
(Juni/Juli nur bis 16.30 Uhr)

Märkte der Stadt

Auf Sydneys Märkten findet man u. a.
Kunsthandwerk, Secondhandsachen,
Mode und Designobjekte, aber insbesondere eine lebendige Atmosphäre,
die schon allein einen Besuch wert
ist. Märkte gibt es samstags in fast
jedem Stadtteil. Die beiden Wichtigsten sind:

🔴**143** [C6] **Glebe Markets**, Glebe Public
School, Glebe Point Rd, Glebe, geöffnet:
Sa. 10–16 Uhr, www.glebemarkets.com.
au. Der nach den Paddington Markets
beste Markt Sydneys mit über 200 Ständen, an denen man originellen Schmuck,
interessante Kunsthandwerkprodukte,

Mode (neu und *vintage*), New-Age-Utensilien und kulinarische Leckerbissen findet. Livemusik ab 12 Uhr.

⓸⓸ [I7] **Paddington Markets**. Ein herrliches
Marktgewirr am Samstag mit 250 Ständen mit Mode, Schmuck, Büchern, Kunst,
Keramik, Hüten, Massagen etc. Neue
Designer bieten hier ihre Entwürfe an.
Natürlich gibt es auch viele Imbissstände.
Der schönste Markt in ganz Sydney!

Supermärkte

Die beiden größten Supermarktketten sind **Coles** und **Woolworths**. Zudem gibt es **convenience stores** (kleine Ladenketten mit langen Öffnungszeiten), die aber teurer sind. **Aldi**
findet man vor allem in den Vororten, z. B. 1 Bay St, Broadway (fast an
der Glebe Point Rd in Glebe); Manly
Wharf, Manly, jeweils tägl. 8–20 Uhr.

Duty-free

Die australische **Mehrwertsteuer**
nennt sich „Goods and Services Tax
(GST)" und beträgt 10 %. Ausgenommen sind frische Lebensmittel. Beim
Verlassen Australiens kann man die
Mehrwertsteuer am **Tourist Refund
Scheme Booth** in der Departures-
Halle (hinter dem Zoll) zurückerstattet bekommen. **Bedingungen:** Der
gesamte Kaufbetrag auf einer Quittung von einem Geschäft muss mind.
300 $ betragen, der Einkauf darf
nicht länger als 60 Tage zurückliegen, man muss die Ware nach dem
Check-in vorzeigen können (muss ins
Handgepäck) und auf der Steuerrechnung (*tax invoice*) muss die elfstellige Steuernummer (ABN) des Verkäufers stehen. Man kann auch die App
„TRS" (kostenlos für iOS und Android) installieren, dann bekommt man
einen QR-Code und kann sich für

die Rückerstattung in eine kürzere Schlange einreihen.

Am Flughafen kann man mehrwertsteuerfrei einkaufen. Hierbei bleibt die gekaufte Ware bis zum Abflug in Plastiktaschen versiegelt. Zum Einkauf in den **Duty-free-Shops** muss man Reisepass und Rückflugticket vorlegen.

Kleine „Kreuzfahrt" gefällig?
Preiswert und entspannend ist eine **Rundfahrt mit der Fähre** ab Circular Quay ❽, bei der man die Aussicht und die frische Luft an Deck genießen kann. Am beliebtesten ist die Fähre nach Manly, aber auch alle anderen (außer der Fähre nach Parramatta) sind für einen Ausflug geeignet.

Für eine „**kleine Kreuzfahrt**" mit **Cafébesuch** bieten sich folgende Haltestellen an, die direkt an den Werften gelegen sind:

🅞**147** [I] **Thelma & Louise Cafe,** Fähre nach Neutral Bay, geöffnet: Mo.-Fr. 7-17, Sa./So. 8-17 Uhr. Guter Kaffee, interessante Gerichte, quirlige Atmosphäre und Blick auf die Neutral Bay.

🅞**148** [I] **Tide Café,** Fähre nach Rose Bay, geöffnet: tägl. 8-15 Uhr. Toller Ort für ein Frühstück oder Lunch am Wasser mit einer der schönsten Aussichten in Sydney. Auf der täglich wechselnden Speisekarte wird jeder fündig. Wer länger sitzen bleiben möchte, kann in die Bar umziehen oder im Regatta Restaurant $$$$ zum Dinner einkehren.

🅞**149** [I] **Watson's Bay Beach Club,** Fähre nach Watson's Bay, geöffnet: tägl. 7-24 Uhr. Die Fahrt und die wunderschöne Aussicht auf Sydney allein rechtfertigen einen Besuch auf ein Getränk, Mittagessen oder Frühstück.

Sydney zum Träumen und Entspannen

In der City gibt es drei **Parkanlagen,** in denen sich Sydneysider und Touristen gleichermaßen gern für eine kleine Verschnaufpause oder gar ein Picknick im Grünen niederlassen: die **Royal Botanic Gardens** ⓬, **Hyde Park** ㉒ und das **Barangaroo Reserve** ❺.

Besondere Orte zum Träumen und Entspannen findet man ansonsten jedoch vor allem entlang dem Sydney Harbour oder an der Küste zur Tasman Sea.

★**144** [D2] **Illoura Reserve,** Balmain, Fähre nach Balmain East Wharf. Kleiner Park rund um die Fährenanlegestelle in Balmain, von der man die Stadt einmal von einem anderen Blickwinkel aus betrachten kann.

❯ **Küstenwanderpfad von Bondi Beach nach Coogee** (s. S. 58). Die Küste zwischen Bondi Beach und Coogee mit ihren kleinen, versteckten Strandabschnitten wie Tamarama und Clovelly und großen offenen Buchten wie dem Endpunkt Coogee ist sehr abwechslungsreich. Naturfreunde können hier aufatmen und entspannen.

★**145** [I] **Nielsen Park,** Vaucluse, Bus 325 ab Circular Quay. Charmanter Park, praktisches Kiosk-Café und ein toller Badestrand. Wenn man Lust hat, ist der Park Ausgangsort für eine Küstenwanderung nach Watson's Bay oder zur City.

★**146** [I] **South Head,** Watson's Bay, Fähre von Circular Quay nach Watson's Bay. Der Nationalpark, Gap Park, Camp Cove, der Hornby Lighthouse und Watson's Bay bieten wunderbare Orte zum Entspannen an ihren Stränden entlang Sydney Harbour und den Klippen der Tasman Sea.

Zur richtigen Zeit am richtigen Ort

In einer Weltmetropole wie Sydney ist immer etwas los. Manche Events sind weltberühmt wie das Sydney to Hobart Yacht Race, die Feierlichkeiten zur Sylvesternacht oder der Sydney Mardi Gras der LGBT-Szene. Es gibt jedoch noch viel mehr Highlights, wobei an fast allen gesetzlichen Feiertagen besondere Events stattfinden.

Januar bis März

> **Neujahrstag**, 1. Januar. Dancemusic-party (Field Day) in der Parkanlage The Domain (www.fieldday.sydney).

> **Flickerfest**, www.flickerfest.com.au, Anfang Januar. Zehntägiges internationales Kurzfilmfestival im Bondi Pavilion in Bondi Beach.

> **Manly Surf Carnival,** Wochenende vor dem oder am Australia Day. Schwimmwettbewerbe des Surf-Life-Saving Club im offenen Meer am Manly Beach.

> **Australia Day,** 26. Januar. Feierlichkeiten in der Stadt, u. a. Wettfahren der Fähren in Sydney Harbour, Australia Day Regatta mit Segelschiffen und ein Feuerwerk (www.australiaday.com.au).

> **Sydney Festival,** Januar. Angesehenes, dreiwöchiges Festival mit Auftritten von nationalen und internationalen Größen der Theater-, Musik- und Tanzszene, aber auch weniger bekannten Künstlern (www.sydneyfestival.org.au).

> **Chinese New Year** im Januar/Februar. Chinesisches Neujahrsfest. Zwei Wochen lang rund 70 Veranstaltungen mit jähr-

⌃ Das Silvesterfeuerwerk gibt es gleich zweimal: um 21 Uhr und um Mitternacht (s. S. 90)

EXTRATIPP

Früh buchen
Es lohnt sich, lange vor Antritt der Reise die **Newsletter** von interessanten Veranstaltungsorten wie z. B. dem Sydney Opera House zu **abonnieren,** damit man Events in seine Reiseplanung integrieren und Tickets buchen kann.

lich ca. 600.000 Besuchern, u. a. Twilight Parade von Town Hall nach Chinatown, Feuerwerk und Drachenbootrennen in Darling Harbour (www.sydneychinesenewyear.com).

> **Cole Classic,** Anfang Februar. Spektakuläres Massen-Wettschwimmen mit rund 4500 Teilnehmern für einen wohltätigen Zweck, das seit 2005 an Manly Beach stattfindet (www.coleclassic.com.au).

> **Sydney Gay and Lesbian Mardi Gras,** Februar/März. Dreiwöchiges Festival der LGBT-Szene mit Kunst, Musik, Theater, Film, Literatur, Partys und einer Straßenparade zum Abschluss (www.mardigras.org.au).

> **Australian Open of Surfing,** Februar/März. Surf-, Skateboard- und Musikevent am Manly Beach (www.australianopenofsurfing.com).

> **St. Patrick's Day,** irischer Feiertag am 17. März. Parade durch die City und Hyde Park **22**, Konzerte, festlich grün gefärbtes Bier und Guinness in den Pubs.

> **Cricket Test Match,** März. Das entscheidende Cricketspiel um den Weltcup. Die Pubs sind dann brechend voll.

April bis Juni

> **ANZAC Day:** 25. April. Feierlichkeiten im Morgengrauen auf dem Martin Place **17** beim Kenotaph (ab 4.30 Uhr) und Parade zum Hyde Park **22**.

> **Mercedes-Benz Fashion Week Australia,** Mai. Präsentation der Frühjahrs- u. Sommerkollektion der australischen Modedesigner (www.mbfashionweek.com).

> **The National Rugby League State of Origin Series,** ab letztem Maiwochenende an drei Wochenenden. Spielserie der Rugby League in NSW und Queensland. Die Pubs sind dann voll (www.nrl.com).

> **Vivid Sydney,** Ende Mai bis Anfang Juni. Eindrucksvolles Festival mit Lichtinstallationen und Projektionen auf Gebäude,

Gesetzliche Feiertage in New South Wales

Fallen die gesetzlichen Feiertage auf einen Samstag oder Sonntag, gibt es einen „Ersatzfeiertag" am darauffolgenden Montag. Viele Geschäfte bleiben dann teilweise oder ganz geschlossen.

> **Neujahrstag:** 1. Januar
> **Australia Day:** 26. Januar. Feiertag zum Gedenken an die Gründung Australiens mit der Landung in Botany Bay 1788.
> **Karfreitag:** An diesem Tag sind viele Sehenswürdigkeiten, Geschäfte, Cafés und Restaurants geschlossen.
> **ANZAC Day:** 25. April. Feierlichkeiten zum Gedenken an das Australian and New Zealand Army Corps (ANZAC), das im Jahr 1915 an diesem Tag in Gallipoli (Osmanisches Reich) landete, um für Großbritannien gegen die Türken, Alliierte der Deutschen, zu kämpfen.
> **Queen's Birthday:** zweiter Mo. im Juni
> **Bank Holiday:** erster Mo. im August
> **Labour Day:** erster Mo. im Oktober
> **Christmas Day:** 25. Dezember. An diesem Tag sind viele Sehenswürdigkeiten, Geschäfte, Cafés und Restaurants geschlossen.
> **Boxing Day:** 26. Dezember

wobei man die auf das Dach der Sydney Harbour Bridge auf keinen Fall verpassen sollte (www.vividsydney.com).

> **Sydney Film Festival,** 10 Tage im Juni. Internationales Filmfestival (www.sff.org.au) mit ca. 250 Filmen, u. a. im State Theatre (s. S. 81), Sydney Opera House **11** und Dendy Opera Quays (s. S. 82).

> **Walsaison.** Zwischen Juni und Anfang September sollte man auf dem Meer nach Walen Ausschau halten, denn entlang von Sydneys Küsten ziehen

dann vor allem Buckelwale *(humpback
whales)* und Südkaper *(southern right
whales)* oder aber eine von zehn weiteren Walspezies vorbei (www.wildabout
whales.com.au oder www.smh.com.au/
environment/whale-watch). Es gibt viele
Tourveranstalter (ab Circular Quay ❽
oder Manly, s. S. 61), die das Sich-
ten eines Wales in diesem Zeitraum
garantieren.

Juli bis September

> **City2Surf,** Anfang August, 14-km-Volks-
lauf vom Hyde Park nach Bondi Beach
(www.city2surf.com.au).
> **Sydney Marathon,** September. Marathon
durch Sydney (www.sydneymarathon.
org).
> **BEAMS Arts Festival,** September. Kunst-
festival für einen Tag in den Gassen von
Chippendale und rund um den Central
Park. Showcase der Kreativen mit Licht-,
Klang- und Bewegungskunst, Workshops
und Performances.
> **Manly Arts Festival,** ca. 14 Tage lang
ab dem zweiten Fr. im September. Die
Innenstadt wird zur Bühne für bildende
und darstellende Kunst.
> **Rugby League Grand Final,** September
oder Oktober. Das Finale der Rugby-
League-Saison sorgt für volle Pubs (www.
nrl.com.au).
> **AFL Grand Final Week.** Ende September/
Anfang Oktober endet die Saison der
Australian Football League und in den
Pubs wird zugeschaut (www.afl.com.au).
> **Manly Jazz,** elf Tage Ende September/
Anfang Oktober. Kostenlose Konzerte mit

Jazz-, Blues-, Roots- und Rockmusik und
mehr in Cafés, Restaurants und *open-air*
auf dem Corso in Manly.

Oktober bis Dezember

> **Darling Harbour Fiesta,** Wochenende
Anfang Oktober. Ein Fest mit lateinameri-
kanischer Musik und Tanz in Darling Harbour (www.darlingharbour.com).
> **Rugby World Cup Final,** Ende Oktober.
Ende des internationalen World Cups, für
NSW als Rugby-Staat ein Top-Sportevent
(www.rugbyworldcup.com).
> **Sculpture by the Sea,** Ende Oktober/
Anfang November. Auf dem Küstenweg von Bondi nach Tamarama werden
Skulpturen von australischen und internationalen Künstlern ausgestellt (www.
sculpturebythesea.com).
> **Sydney Open.** Am ersten Sonntag im
November kann man 50 Gebäude, die
sonst für die Öffentlichkeit nicht zugänglich sind, besuchen. Darunter sind immer
wieder architektonische Perlen. Ein Blick
in das Programm lohnt: http://sydney
livingmuseums.com.au/sydneyopen.
> **Tropfest,** ein Tag Anfang Dezember.
Weltweit größtes Kurzfilmfestival in The
Domain mit ca. 800 Kurzfilmen (www.
tropfest.com/au).
> **Carols by Candlelight,** Dezember. Von
Laienchören und bekannten australischen Sängern gesungene Weihnachts-
lieder, die im Dezember in der Parkanlage The Domain für vorweihnachtliche
Stimmung sorgen (www.carolsinthe
domain.com).
> **Sydney to Hobart Yacht Race,** 26.
Dezember. Das berühmte Jachtrennen
über 630 Seemeilen nach Hobart star-
tet ab Nielsen Park (www.rolexsydney
hobart.com).
> **New Year's Eve,** 31. Dezember. Silves-
ter mit spektakulärem Feuerwerk auf der
Sydney Harbour Bridge ❼ und in Manly
(www.sydneynewyearseve.com).

SYDNEY VERSTEHEN

Viel blauer Himmel, Sonnenschein, eine frische Meeresbrise und die glitzernden Wellen im Sydney Harbour und an der Tasman Sea bringen die Stadtbewohner und Besucher jeden Tag zum Lächeln – aller Großstadthektik zum Trotz.

Das Antlitz der Metropole

Eine moderne Wolkenkratzerarchitektur, sanierte Altstadtviertel und die ständig neu entstehenden Großbaustellen sind deutliche Zeichen einer wirtschaftlich boomenden Stadt. Alles ist auf Hochglanz poliert, sowohl die neuen Gebäude als auch die historischen Bauten. Die Mehrzahl der Stadtbewohner hat Geld und nimmt sich auch die Zeit, dieses in den Cafés, Restaurants, Pubs, Bars und Geschäften auszugeben. Der weitläufige natürliche Hafen mit seiner sanft hügeligen Landschaft bildet den Rahmen für den historischen Stadtkern mit dem berühmten Sydney Opera House und der Sydney Harbour Bridge und für den Central Business District, das Geschäfts- und Einkaufszentrum der Stadt. Die berühmten Strandvororte Bondi Beach und Manly scheinen dem Rhythmus der Meeresbrandung zu folgen. Die Menschen kommen und gehen: zum Sonnenbaden, Schwimmen, Surfen, Stand Up Paddling, Joggen, Spazieren, Nachtschwärmen, Essen, Trinken und Schwatzen. In der Woche sind es vor allem Einheimische und Touristen, am Wochenende hippe Stadtbewohner.

◁ *Vorseite: Im Sydney Tower Eye* ⓲ *liegt einem die Stadt zu Füßen*

▽ *Am Circular Quay* ❽ *herrscht ein ständiges Kommen und Gehen von Fähren*

114sy Abb.: fo©pominoz1966

Der **Stadtkern** von Sydney liegt besonders malerisch in einer Bucht von Sydney Harbour, der Mündung des Parramatta River in die Tasman Sea. Der **Großraum Sydney** umfasst 656 Stadtteile, die 35 Regierungsdistrikten unterstellt sind und zusammen rund 4000 km² Fläche abdecken. Die sogenannten Sydneysider nehmen somit oftmals lange Anfahrtszeiten von ihrem Wohnort zu ihrer Arbeitsstelle in der City in Kauf. Das **touristisch interessante Stadtgebiet** beschränkt sich jedoch im Wesentlichen auf die Stadtbezirke The Rocks, Central Business District (CBD), Chinatown, Darling Harbour, Glebe, Darlinghurst, Paddington, Kings Cross, Bondi Beach, Coogee und Manly. Der öffentliche Nahverkehr ist insbesondere in diesen Stadtvierteln mit U-Bahn, S-Bahn, Nahverkehrszügen, Bussen und Fähren gut ausgebaut.

Sydney ist mit seinen **rund 4,8 Millionen Einwohnern** mit Abstand die **größte Stadt Australiens** und darüber

KURZ & KNAPP

Die Stadt in Zahlen

> **Gegründet:** 1788
> **Einwohner:** 4,84 Millionen
> **Bevölkerungsdichte:** 390 Einwohner pro km² (höchste Bevölkerungsdichte in Pyrmont, Ultimo, Potts Point, Woolloomooloo, Darlinghurst und Surry Hills: 13.000–15.000 Einwohner pro km²)
> **Fläche:** Großraum Sydney ca. 12.137 km² (davon ca. 8000 km² Nationalparks), Inner Sydney 75,4 km²
> **Höhe ü. M.:** Central Business District ca. 12 m
> **Stadtbezirke:** 35

hinaus die **Hauptstadt des Bundesstaates New South Wales (NSW)**. Im Grunde ihres Herzens sehen die Sydneysider ihre Stadt als wahre Hauptstadt Australiens – nicht unbedingt politisch gesehen, sondern eher im Hinblick auf **Trends** im sozialen Be-

reich, in puncto Mode, Nachtleben oder auch im Hinblick auf die Restaurantszene. Sydney ist auch nach wie vor die beliebteste Stadt unter den Einwanderern aus aller Welt.

Der **Wirtschafts- und Immobilienboom,** der zur Jahrtausendwende begonnen hat, macht sich im **Stadtbild** bemerkbar: Die einst verwaisten alten Hafen- und Industriegebäude entlang dem Hafen wurden restauriert oder abgerissen und es sind neue Parklandschaften, Hochglanzapartments und Bürogebäude entstanden. Die alten Werften in Woolloomooloo, Circular Quay, The Rocks, Pyrmont Bay und Darling Harbour erstrahlen heute in neuem Glanz. Die für Drogen, Prostitution und Nachtleben berühmt-berüchtigten Stadtviertel Woolloomooloo, East Sydney, Potts Point, Kings Cross und Darlinghurst wurden und werden saniert und gentrifiziert. Dennoch sind Kings Cross und Darlinghurst auch heute noch **Zentren des innerstädtischen Nachtlebens,** genau wie der Central Business District, wo ebenfalls reichlich Nachtklubs und Bars angesiedelt sind.

Von den Anfängen bis zur Gegenwart

Einst war Sydney die erste Strafgefangenenkolonie der Engländer auf australischem Boden. Heute ist die Stadt eine Weltmetropole, die sich in vielerlei Hinsicht mit großen Namen wie London oder New York messen kann.

Auf einer geheimen Mission stieß **Kapitän James Cook** 1770 als erster Europäer auf die Ostküste Australiens und ging mit seinem Schiff „Endeavour" am 19. April in der **Botany Bay** vor Anker. Heute befinden sich an den Ufern dieser Bucht der Flughafen und der Containerhafen von Sydney. Nach einer Woche segelte Cook die Küste entlang gen Norden, ging auf einer kleinen Insel vor Cape York erneut an Land, hisste die britische Flagge, erklärte das Territorium bis zum 135. Längengrad im Namen von König George III. zu britischem Besitz und nannte es **New South Wales.**

Nachdem die amerikanischen Kolonien 1776 während des Unabhängigkeitskriegs dagegen rebelliert hatten, weitere Strafgefangene aus England als Zwangsarbeiter auf ihren Plantagen aufzunehmen, veranlasste der ab 1783 amtierende Innenminister **Thomas Townshend, Viscount Sydney,** im Jahr 1786 die Gründung einer **Strafgefangenenkolonie.** 1787 stach unter dem Kommando von Kapitän **Arthur Phillip** die **First Fleet** (Erste Flotte) mit elf Schiffen und ca. 1500 Männern und Frauen in See. Mehr als 750 von ihnen waren Strafgefangene, der Rest vorwiegend Angehörige der Marine.

Die Kolonie sollte ursprünglich in der Botany Bay gegründet werden, die James Cook und Joseph Banks bei ihrer Reise mit dem Schiff Endeavour entdeckt hatten und wo sie am 29. April 1770 erstmals an Land gegangen waren. Phillip fand jedoch, dass die Botany Bay, wo sich heute der Containerhafen befindet, nicht genügend Schutz für eine Siedlung bot und entschied sich für die **Sydney Cove,** die er nach dem Viscount Sydney benannte. Am **26. Januar 1788** ließ Phillip alle elf Schiffe dort vor Anker gehen und die Strafgefangenen an Land bringen. Begleitet von Gewehrschüssen hisste man am Abend feierlich den britischen Union Jack. Seither wird dieses Datum als **Australia Day,** der Gründungstag Australiens, gefeiert.

Im heutigen Stadtviertel **The Rocks** entstand eine Siedlung, die somit die historische Wiege der Stadt und der australischen Nation darstellt. Von hier aus wurde die Kolonie stellvertretend für die britische Regierung verwaltet, von hier aus stachen die Handelsschiffe mit **Merinowolle** in See, um diese in England zu verkaufen. Damit begann die Blütezeit der für Australien so wichtigen Wollindustrie.

New South Wales mauserte sich schnell zu einer Kolonie der freien Siedler, obwohl England noch bis 1840 Strafgefangene nach Sydney schickte. Im Juli 1842 erhielt Sydney das Stadtrecht und wuchs danach im **Goldrausch** der 1850er-Jahre rasend schnell. Noch 1851 zählte man im Stadtzentrum ca. 42.000 und in den Vororten 9684 Einwohner. 40 Jahre später waren es mit 383.283 Einwohnern schon mehr als siebenmal so viel.

Die Stadt bekam entlang der Pitt St eine von Pferden gezogene **Straßenbahn** und zur Sydney International Exhibition (1879) im eigens dafür erbauten Garden Palace kamen dampfbetriebene Straßenbahnen hinzu. Händler ließen sich in Paddington, Newtown oder Pyrmont nieder, die Arbeiterslums befanden sich in The Rocks, Darling Harbour und Surry Hills und die Reichen bauten ihre Villen entlang der Macquarie St und auf dem Woolloomooloo Hill (heute Potts Point). Chinatown entwickelte sich entlang der George St in Richtung Hauptbahnhof.

Mit dem **Immigrantenstrom** aus dem durch den Zweiten Weltkrieg gebeutelten Europa und weiterer Immigranten aus dem krisengeschüttelten Mittleren Osten und aus Asien in den 1970er- und 1980er-Jahren änderte sich das Gesicht Sydneys im 20. Jh.

zu einer **multikulturellen Metropole.** Durch die große **Toleranz** gegenüber neuen Mitbürgern und auch Homosexuellen wurde die Stadt erneut zum Nabel des Kontinents. Hierher kamen und kommen die meisten Auswanderer und verleihen der mit Abstand größten Stadt Australiens den unwiderstehlichen Charme und ihren Facettenreichtum. Sydney ist heute mit all seinen richtungsweisenden Ideen und Moden, aber auch seinen Extravaganzen das New York oder London des australischen Kontinents.

26.01.1788: Gründung der Strafgefangenenkolonie Sydney Cove in NSW unter Gouverneur Arthur Phillip

1801–1803: Matthew Flinders umsegelt und kartografiert den australischen Kontinent und belegt, dass New Holland und NSW zu einem Kontinent gehören.

1803–63: Gründung von weiteren britischen Siedlungen: Van Diemens Land (1803, Tasmanien), Moreton Bay (1824, Queensland), Swan River (1829, Western Australia), Victoria (1835), Adelaide (1836, South Australia)

1825: Van Diemens Land wird als erste der neuen Siedlungen eine von NSW unabhängige Kolonie.

1828: Beginn einer Auswanderungskampagne, bei der die Überfahrt von Großbritannien nach Australien von der britischen Regierung bezahlt wird

1841: Letzter Transport von Strafgefangenen nach NSW

1842: Beginn der kolonialen Selbstverwaltung Australiens

1850: Der Südteil von NSW splittet sich als unabhängige Kolonie Victoria ab.

1851–1870: Goldrausch rund um Bathurst im östlichen Teil Australiens

1872: Henry Parkes wird Premierminister von NSW. Er wird viermal wiedergewählt und gilt als Gründervater Australiens, da er sich für die Vereinigung zu einer Föderation einsetzt.

1899: Die Australier nehmen für die Briten am Burenkrieg in Südafrika teil.

1900: Militärische Beteiligung beim Boxeraufstand in China an der Seite Großbritanniens. Daraus resultiert eine anti-chinesische Haltung. Bei der Gründung der Föderation wird deshalb der Immigration Restriction Act verabschiedet, wonach ausschließlich weiße Immigranten in Australien aufgenommen werden können („White Australia policy").

1.1.1901: Feierlicher Zusammenschluss der sechs Kolonien Australiens zum Federal Commonwealth of Australia mit bundesstaatlicher Verfassung und Dominion-Status (fast vollständige Unabhängigkeit von Großbritannien). Erster Premierminister ist Edmund Barton. Die Feierlichkeiten finden im Centennial Park in Sydney statt.

1911: Gründung des Federal Capital Territory (seit 1938 Australian Capital Territory genannt), in dem ab 1913 der heutige Regierungssitz Canberra gebaut wurde, wo seit 1927 alle föderalen Parlamentssitzungen stattfinden.

1914–1918: Australien kämpft an der Seite der Briten im Ersten Weltkrieg. 421.809 australische Freiwillige melden sich zum Kriegsdienst. Bilanz: rund 61.720 Gefallene und ca. 156.000 Verwundete, die höchste Todesquote unter den Alliierten.

1939–1946: Als die Japaner im Zweiten Weltkrieg Singapur einnehmen, bitten die Australier die USA um Hilfe. 1942 werfen die Japaner Bomben auf Darwin und greifen Sydney mit Mini-U-Booten an. 993.000 Australier ziehen in den Krieg, 39.366 sterben, viele von ihnen in japanischer Gefangenschaft.

1945–1971: Kontinuierlicher Immigrantenstrom aus Europa, eingeleitet von Regierungschef Josef Benedict Chifleys neuer Einwanderungspolitik. Jedes Jahr werden Einwanderungskontingente für bestimmte Nationalitäten festgelegt, ab 1966, nach dem Ende der „White Australia"-Politik, auch aus Asien.

1949: Einführung der australischen Staatsbürgerschaft. Bis dahin konnte man – wenn gewünscht – nur die britische Staatsbürgerschaft annehmen.

1951: Zum Schutz gegen künftige Bedrohungen z. B. durch Japan schließen Australien und Neuseeland mit den USA das ANZUS Treaty. Es beinhaltet, dass diese Nationen sich verpflichten, einander im Kriegsfall zu helfen. Aus diesem Grund ist Australien als Verbündeter der USA im Koreakrieg (1953), im Vietnamkrieg (1965), im Golfkrieg (1990), im Anti-Terror-Krieg in Afghanistan (2002) und im Irakkrieg (2003) aktiv beteiligt.

1956: Olympische Spiele in Melbourne

1962: Die Aborigines erhalten das Wahlrecht (in Queensland erst 1965), 1967 wird dies in einem Referendum vom Volk bestätigt.

1966: Einführung des Australischen Dollars

1970: Victoria überträgt als erster Bundesstaat Land an Aborigines.

1975: Eine Korruptionsaffäre führt zur umstrittenen Absetzung des Premierministers Gough William durch den Generalgouverneur Sir John Kerr.

1984: „Advance Australia Fair" ersetzt endgültig „God Save The Queen" als offizielle Nationalhymne.

1985: Uluru (Ayers Rock) und Kata Tjuta (The Olgas) werden an die Aborigines zurückgegeben und erhalten ihre Aborigine-Namen zurück.

1986: Der Australia Act macht das australische Rechtssystem endgültig unabhängig von Großbritannien.

1992: Präzedenzfall: Das Oberste Gericht erkennt im Mabo-Fall an, dass die Aborigines Landrechte haben und es nie eine *terra nullius* (Niemandsland) gegeben hat. Ein Jahr später wird der Native Title Act unterzeichnet, wodurch Aborigines ein Recht auf Kompensation für Landverlust haben. Durch den Citizenship

Act muss außerdem bei der Einbürgerung nicht länger auf die britische Krone geschworen werden.

1999: Bei einer Volksabstimmung lehnt die Mehrheit der Australier die Republikgründung ab, weil das angebotene Modell nicht ihren Vorstellungen entspricht.

2000: Olympische Spiele in Sydney. Darauf folgt ein Bau- und Immobilienboom, bei dem so manches Grundstück bis 2005 seinen Wert verdoppelt oder gar verdreifacht. Die Lebenshaltungskosten steigen rasant.

2002: Terroristischer Bombenanschlag auf Bali. 92 junge Australier sterben. Im Zuge der weltweit zunehmenden Bombenanschläge in den Folgejahren werden in Australien die Sicherheitsmaßnahmen verschärft. Das „isolierte" Lebensgefühl verändert sich.

2007: Nach 13 Jahren Regierungskoalition von Liberal und National Party unter Premierminister John Howard gelingt der Australian Labor Party mit Kevin Rudd an ihrer Spitze der lang ersehnte Regierungswechsel.

2010: Nach einer kleinen parteiinternen Revolte wird Julia Gillard ohne Gegenkandidat zur Vorsitzenden der Labor-Partei gewählt. Sie verdrängt somit Kevin Rudd und damit steht erstmals eine Frau an der Spitze Australiens.

2013: Nach erneuten parteiinternen Querelen wird Außenminister Kevin Rudd im Juni wieder zum Vorsitzenden der Labor-Partei gewählt. Julia Gillard tritt zurück und Rudd ist zum zweiten Mal Premierminister von Australien. Bei der Wahl im darauffolgenden September verliert die Labor-Partei und Tony Abbott wird an der Spitze der Liberal-National-Koalition Premierminister.

2015: Malcolm Turnbull wird zum Vorsitzenden der Liberalen gewählt (Tony Abbott verliert mit 44 zu 54 Stimmen) und damit zum 29. australischen Premierminister.

Leben in der Stadt

Strände, das Buschland in den Nationalparks, Flüsse und Binnenhäfen prägen das Bild der Metropole Sydney. Ihre Einwohner, die Sydneysider, kommen aus allen Erdteilen und bilden eine multikulturelle Gesellschaft, in der die australische Kultur jedoch dominant bleibt.

Der **Central Business District** ist vor allem durch seine Wolkenkratzer mit Büroflächen, Hotels und Geschäften gekennzeichnet. In einem Teil der Gebäude gibt es zwar auch Apartments, aber nach Feierabend und Ladenschluss wird es in manchen Straßen doch sehr ruhig. Ganz anders in Stadtvierteln wie **Kings Cross, Darling Harbour, The Rocks, Chinatown, Glebe** oder **Darlinghurst.** Hier nimmt das bunte Treiben in den Straßen dann eher zu, denn hier lebt man, hier amüsiert und entspannt man sich. In den Strandvororten **Bondi Beach** und

☑ *Beliebt: ein Spaziergang am Circular Quay* ➑ *von The Rocks bis zum Botanischen Garten* ⓬

022sy Abb.: eg

Die Aborigines

Die **Urbevölkerung Australiens** lebte bei britischem Siedlungsbeginn im Jahr 1788 bereits seit mindestens 20.000 Jahren im Hafengebiet von Sydney. Die Besatzung von Captain Cook stempelte die Aborigines bei ihren Landgängen 1770 aber als „ein paar Wilde" ab, denen man keine Landrechte abkaufen müsse.

Der Großteil der Ureinwohner überlebte die englische **Kolonialisierung** nicht, von ursprünglich ca. 3000 Aborigines in der Gegend blieben weniger als 300 übrig. Die anderen wurden getötet oder fielen eingeschleppten Krankheiten wie Grippe, Masern, Tuberkulose und Windpocken zum Op-

fer. Die Übriggebliebenen waren bis weit ins 20. Jh. weitgehend **rechtlos** und wurden in der modernen Siedlungsgeschichte Sydneys an den Rand der Stadt nach La Perouse gedrängt.

Heute sind von der Gesamteinwohnerzahl Sydneys nur rund 52.171 Aborigines (Zensus 2011), also **weniger als ein Prozent!** Das Verhältnis zwischen der Nicht-Aborigine-Bevölkerung und den Aborigines bleibt angespannt. Während man offiziell am 26. Januar Australia Day feiert, nennen die Aborigines diesen Tag seit 1988 auch Invasion Day und erinnern an die nahezu vollständige Zerstörung ihrer Kultur.

Manly sowie dem „Designermodevorort" **Paddington** ist es wiederum am quirligsten, solange man am Strand baden kann bzw. die Geschäfte geöffnet sind.

Sydney ist natürlich auch eine **Studentenstadt** mit fünf Universitäten, an denen insgesamt ca. 220.000 (davon durchschnittlich 23 % ausländische) Studenten eingeschrieben sind. Hinzu kommen noch diver-

se andere Bildungsinstitute. Allein an der Sydney University, der ältesten Universität der Stadt, sind an den 18 Fakultäten 54.306 Studenten eingeschrieben, davon kommen 12.278 von außerhalb Australiens.

In Sydney leben mehr **im Ausland geborene Australier** als in den anderen australischen Metropolen. Die Zeiten, als die meisten neuen Migranten aus Großbritannien, Irland und Neu-

Aborigine? Aboriginal?

In der deutschen Literatur ist der Begriff „Aborigine" fast überall gebräuchlich, die australischen Ureinwohner hören die Begriffe „Aborigines" oder auch „Aboriginals" aber oft nicht gern. In Australien verwendet man daher häufig die **politisch korrekte Bezeichnung „Indigenous Australians"**, womit jedoch auch die **Torres Strait Islanders** gemeint sind, die Ureinwohner von den Torres-Strait-Inseln, die zum australischen Bundesstaat Queensland gehören. Meint man die Festland-Einwohner, sprechen die Australier daher von **„Aboriginal people"**. Die Wertung und Akzeptanz der Begriffe ändert sich je nach Stand der politischen Lage allerdings immer mal wieder und die Frage nach einer wirklich korrekten Bezeichnung ist nicht abschließend geklärt. Die Ureinwohner selbst benutzen zunehmend Selbstbezeichnungen, die sich meist von ihren primären Siedlungsgebieten oder den lokalen Sprachgruppen ableiten. In Sydney spricht man von „Eora people" und diese unterteilen sich wiederum in 34 Gruppen, wovon die Cadigal in der Region der heutigen Innenstadt lebten.

› **Aboriginal Sydney:** Die App informiert über die Geschichte der Ureinwohner und für sie bedeutende Orte in Sydney (Android und iOS, 3,94 €/4,99 €).

seeland stammten, sind jedoch vorbei, denn heute herrscht ein **Völkergemisch** aller Hautfarben, Glaubensrichtungen und Traditionen. Laut der letzten Volkszählung (2011) stammt mind. ein Viertel der Bevölkerung aus nicht-englischsprachigen Ländern, allen voran aus China, Indien, Vietnam, Indonesien, dem Libanon, Südkorea, Italien, Hongkong, Südafrika, Griechenland, der Republik Fidschi, dem Irak und von den Philippinen.

Fährt man Bus oder Taxi, spricht der Fahrer mit einem deutlichen ausländischen **Akzent** Englisch und verwendet dabei dennoch die vielen typisch australischen Redensarten. Junge Asiaten hingegen sprechen meist akzentfrei australisches Englisch, sodass man sich fragt, ob sie die Muttersprache ihrer Eltern überhaupt noch beherrschen. Es ist ein buntes und fröhliches Nebeneinander und Miteinander. „Gemischte" Liebespärchen und Ehepaare mögen für viele europäische Betrachter besonders herausstechen, aber hier in Sydney sind sie alle einfach nur Australier.

Barangaroo – das Megaprojekt

Seit den Vorbereitungen auf die Olympischen Spiele 2000 nehmen die städtebaulichen „Facelifting-Projekte" kein Ende. Die boomende Wirtschaft Australiens macht es möglich.

Ganze Stadtviertel wurden bereits **restrukturiert** und **restauriert**. Das Ergebnis kann sich sehen lassen: The Rocks mit seinen hübsch restaurierten, historischen Gebäuden, Darling Harbour als Freizeitmeile auf ehemals industriellem Hafengebiet, die Werften an Millers Point, der Hafen in Pyrmont, die Wollspeicher und Lagerhallen in Ultimo, die Fahrradwege in der Stadt und die Wanderwege entlang der Küstenlinie.

Die Stadtsanierung wird im Rahmen des ökologischen Stadtsanie-

◁ *Cockle Bay Wharf* ㉝ *ist sowohl am Tag als auch bei Nacht einen Besuch wert*

rungsplans **Sustainable Sydney 2030** durch ein weiteres **Megaprojekt** vorangetrieben: Der Küstenabschnitt zwischen Circular Quay und Darling Harbour wird von seinem industriellen Antlitz befreit. „**Barangaroo**" heißt das Projekt – zu Ehren der **Frau von Bennelong**, einem in der frühen Geschichte Sydneys bedeutenden Aborigine. Die Hälfte des ca. 22 ha umfassenden Areals zwischen Walsh Bay [E1] und King St Wharfs [D3] wurde in die **Parklandschaft Barangaroo Reserve** verwandelt (Ende August 2015 eröffnet). Auf der anderen Hälfte ist der Bau von **Apartments, Bürogebäuden** und einem **Hotel** in Barangaroo South in vollem Gange.

2016 werden unterhalb der Hickson Road die Überbleibsel der 1921 stillgelegten Gaswerke und der alte Kontrollturm entfernt. Bis 2018 werden zudem noch 150.000 m³ Erde, die durch den einstigen Containerhafen kontaminiert wurde, unter dem Barangaroo-Gebieten Central und South entfernt und anschließend durch neues Erdreich ersetzt.

Das erste neue **Gebäude in Barangaroo South,** Tower Two genannt, wurde im Juli 2015 eröffnet. Die weiteren Gebäude auf dem 7,5 ha großen Gelände sollen bis 2021 sukzessive fertiggestellt werden: der etwas niedrigere Tower Three (vom Wasser aus betrachtet zur Rechten), der etwas höhere Tower One (zur Linken) und (wiederum weiter links) die beiden Apartmentgebäude One Sydney Tower, für deren Entwicklung der Stararchitekt Renzo Piano die Ausschreibung gewonnen hat. Als Letztes soll 2016 bis 2019 das **Crown Sydney Hotel Resort** (6 Sterne) mit 350 Hotelzimmern, Suiten und Luxusapartments sowie Restaurants, Bars, Geschäften, Schwimmbad, Spa und Konferenzräumen folgen. Mit diesem Luxushotel will Sydney vor allem Touristen aus China und anderen asiatischen Ländern bedienen.

Das 5,2 ha große Areal **Central Barangaroo** wird als Letztes in Angriff genommen und soll das kulturelle Herzstück von Barangaroo werden. Hier ist auch eine neue Metrostation geplant. Neue Straßen, Tunnel und Fußgängerbrücken werden angelegt und bis zur endgültigen Fertigstellung des Projekts das Straßenbild weiter verändern.

Man rechnet damit, dass das gesamte Barangaroo-Projekt **etwa 2022 zum Abschluss kommen** und **über drei Milliarden australische Dollar kosten** wird. Nach Ende aller Baumaßnahmen sollen täglich ca. 24.000 Angestellte und Anwohner sowie ca. 33.000 Besucher im Stadtteil ein und aus gehen. Eines ist seit Eröffnung des Barangaroo Reserve 2015 jetzt schon deutlich: Die Sanierung wird die Stadt auch **touristisch bereichern**.

Barangaroo ist aber bei weitem nicht die einzige Großbaustelle in Sydney, denn im Rahmen des Sustainable Sydney Program wurde im Oktober 2015 auch mit den Bauarbeiten an der **neuen LightRail-Linie CBD and South East** begonnen, die von Randwick und Kingsford über Moore Park und Surry Hills zur Central Station und weiter über die George Street nach Circular Quay führen wird. Entlang der Trasse ist bis zur geplanten Fertigstellung 2018 mit vielen Baustellen zu rechnen.

❭ **Road to Barangaroo:** kostenlose App mit einem historischen Rundgang durch verschiedene Abschnitte von Barangaroo. Geschichte zum Nachlesen mit engagiert vorgetragenem Audio-Material (kostenlos für Android und iOS).

PRAKTISCHE REISETIPPS

An- und Rückreise

Im australischen Sommer von Dezember bis Februar herrscht **Hochsaison**. Auch viele Australier reisen
zu dieser Jahreszeit und fliegen über
Weihnachten nach Hause zurück.
Das bedeutet, dass die Flüge schon
Monate im Voraus ausgebucht sind.
Wer nicht nur die teuersten Flüge und
Hotels haben möchte, sollte daher
frühzeitig buchen – idealerweise ca.
sechs Monate vor Reiseantritt!

Flugverbindungen

Nonstopverbindungen nach Australi-
en gibt es aus dem deutschsprachi-
gen Raum nicht, es wird auch bei einer **Direktverbindung** mindestens
ein **Zwischenstopp** eingelegt, z.B. mit
Emirates von Frankfurt, Düsseldorf,
Hamburg oder München über Dubai.
Die Dauer eines Direktfluges nach
Sydney liegt bei **etwa 20 Stunden.**

Daneben gibt es interessante **Um-
steigeverbindungen** nach Sydney,
z.B. mit Asiana und Korean Air (über
Seoul), Cathay Pacific (über Hong-
kong), China Airlines (über Taipeh),
Etihad Airways (über Abu Dhabi),
Singapore Airlines (über Singapur),
Thai Airways (über Bangkok), Air In-
dia (über New Dehli), Air China (über
Peking) und Vietnam Airlines (über
Ho-Chi-Minh-Stadt).

Flugpreise

Je nach Fluggesellschaft, Jahreszeit und Aufenthaltsdauer bekommt man ein Economy-Ticket von
Deutschland, Österreich oder der
Schweiz nach Sydney und zurück **für
950 bis 1500 €**. Am teuersten sind
Flüge von Anfang Dezember bis Anfang Januar.

Preiswertere Flüge sind mit **Jugend-
und Studententickets** (je nach Airline
alle jungen Leute bis 29 Jahre und
Studenten bis 34 Jahre) möglich. Außerhalb der Hauptsaison gibt es einen Hin- und Rückflug von Frankfurt
nach Sydney ab etwa 900 €.

Kinder unter zwei Jahren fliegen
ohne Sitzplatzanspruch für 10 % des
Erwachsenenpreises, ansonsten werden für ältere Kinder die regulären
Preise je nach Airline um 25 bis 50 %
ermäßigt. Ab dem 12. Lebensjahr gilt
der Erwachsenentarif oder ein beson-
derer Jugendtarif.

Indirekt sparen kann man als Mitglied eines **Vielfliegerprogramms** wie
von **Star Alliance** (www.star-alliance.
com, Mitglieder u.a. Asiana, Singapore Airlines, Thai Airways), **SkyTeam**
(www.skyteam.com, Mitglieder u.a.
Korean Air, Vietnam Airlines) oder
oneworld (www.oneworld.com, Mitglieder u.a. Cathay Pacific Airways).
Die Mitgliedschaft ist kostenlos und
die gesammelten Meilen von Flügen
bei Fluggesellschaften innerhalb eines Verbundes reichen vielleicht
schon für einen Freiflug bei einer der
Partnergesellschaften beim nächsten
Urlaub. Beim Einlösen eines Gratis-
fluges ist aber langfristige Vorauspla-
nung nötig.

Buchung

Heute werden Flüge zwar gern online gebucht, zumal Reisebüros eine
Buchungsgebühr erheben, aber be-

◁ *Vorseite: Eine Hafenrundfahrt
(s. S. 120) ist in Sydney ein Muss*

Jetlag

Jetlag kann einem die ersten vier bis fünf Tage in Sydney gründlich verderben. Der Körper kann sich nicht so schnell auf den enormen **Zeitunterschied** einstellen, die innere Uhr ist aus dem Rhythmus und muss sich wieder einpendeln. Man wird viel zu früh müde, legt sich ins Bett und wird nachts ständig wach, fühlt sich erschöpft und kann das reiche Freizeitangebot kaum nutzen. Es gibt jedoch einige Tipps, wie man seinem Körper dabei helfen kann, Jetlag zu vermeiden. **Während des Fluges** sollte man **viel Wasser trinken** und so viel wie möglich **schlafen** oder ruhen. Ohrenstöpsel gegen den Lärm und Augenmaske helfen dabei. Nach der Ankunft in Sydney sollte man so viel Zeit wie möglich **bei Tageslicht an der frischen Luft** verbringen und versuchen, bis mindestens 18/19 Uhr durchzuhalten, bevor man müde ins Bett sinkt.

quemer ist die Buchung per Reisbüro auf alle Fälle. Für die Tickets der Linienfluggesellschaften kann man bei Jet-Travel meist günstigere Preise finden:

❯ **Jet-Travel,** In der Flent 7, 53773 Hennef, Tel. 02242/868606, www.jet-travel.de. Buchungsanfragen oder Onlinebuchungen.

Vom Flughafen in die Stadt

Der **Kingsford Smith Airport** liegt nur neun Kilometer südlich des Stadtzentrums und ist an das **Sydney-Trains-Netzwerk** angebunden (AirportLink-Bahnhöfe im Untergeschoss der Terminals). Fahrkarten gibt es vor dem Durchgang zu den Gleisen am Schalter und am Automaten. Für den Durchgang zu den Gleisen selbst benötigt man nebst gültiger Fahrkarte auch einen **GatePass** (s. S. 128).

❯ **Infos:** Den besten Anfahrtsweg per Sydney Trains, Bus und/oder Fähre zur Unterkunft bzw. zurück zum Flughafen sollte man sich unter www.transportnsw.info („Trip Planner") oder der App Opal Travel (kostenlos für iOS und Android) auf dem Smartphone anzeigen lassen.

Wer lieber mit einem **Shuttlebus** zum Hotel möchte, kommt mit dem **KST Airporter** bequem zu den Hotels in der City, in Kings Cross und Darling Harbour. Sie fahren an der entsprechenden Haltestelle vor dem Terminal ab. Der Nachteil: Die Fahrt dauert mitunter lange, da für jeden Fahrgast bei einem anderen Hotel angehalten wird.

❯ **Infos:** Preis: 15 $. Will man für den Rückflug beim Hotel abgeholt werden, sollte man mindestens 3½ Stunden vor der Abfahrt reservieren: Tel. 83390155, www.kst.com.au.

Es gibt auch einen **Shuttlebus nach Manly,** der jedoch vorab online oder telefonisch gebucht werden muss.

❯ **Infos:** Airport Shuttle North, Tel. 1300505100 oder 99977767, www.asntransfers.com, 1 Person 41 $, 2 Personen 51 $

Eine **Taxifahrt** (s. S. 128) ist am bequemsten und sofern man nicht allein reist auch gar nicht so teuer. Preisbeispiele mit Taxis Combined: in die City ca. 40 bis 45 $, nach Glebe ca. 35 $, nach Manly ca. 84 $ (wovon 11 $ allein Tunnel- und Brückengebühren sind). Zwischen 22 und 6 Uhr wird ein Nachtzuschlag von 20 % berechnet und es ist üblich, etwa 10 % Trinkgeld zu geben.

Barrierefreies Reisen

Sydney ist für **Rollstuhlfahrer** relativ gut zugänglich, denn seit Ausrichtung der Paralympics 2000 hat man immer wieder Verbesserungen in öffentlichen Gebäuden, Hotels, Restaurants und großen Geschäften vorgenommen. Alle **Fähren** und die für Touristen interessanten **Anlegestellen** Circular Quay, Darling Harbour, Manly, Milsons Point/Luna Park, Neutral Bay und Taronga Zoo sind für Rollstuhlfahrer ausgelegt. Gleiches gilt für alle **Sydney Trains** und viele ihrer Bahnhöfe, ca. 50 % der **Buslinien** und alle **Light-Rail-Bahnen** sowie deren Bahnhöfe.

> **Informationen** über die Zugangsmöglichkeiten in Sydney gibt es auf der Internetseite www.cityofsydney.nsw.gov.au/ explore/getting-around/accessibility und www.sydneyforall.com.

> **Taxis,** die für Rollstuhlfahrer geeignet sind, kann man rund um die Uhr bei Zero 200 vorbestellen, Tel. 83320200, www.zero200.com.au.

> Genaue Informationen zu fast allen **öffentlichen Verkehrsmitteln** erhält man unter Tel. 131500 (bzw. 1800637500 für schwerhörige oder sprachbehinderte Kunden) oder www.transportnsw.info unter „Plan Your Trip", wobei man das Rollstuhlsymbol anklicken muss, damit nur barrierefreie Verbindungen angezeigt werden.

> Informationen zur **Light Rail** bekommt man bei www.metrolightrail.com.au unter „Metro Transport, Special Needs".

Damit **sehbehinderte Menschen** sich in Sydney zurechtfinden können, geben die Verkehrsampeln deutliche **Tonsignale** ab und an Bahnhöfen, Bussteigen, Bordsteinkanten gibt es **Markierungen auf dem Boden,** die man mit dem Blindenstock erfühlen kann. Für genauere Informationen kann man sich an Vision Australia (www.visionaustralia.org.au) wenden.

Diplomatische Vertretungen

In Deutschland und Österreich

> **Australische Botschaft in Deutschland,** Wallstr. 76–79, 10179 Berlin, Tel. 030 8800880, www.germany.embassy.gov. au. Auch zuständig für **Staatsangehörige der Schweiz.**

> **Australische Botschaft in Österreich,** Mattiellistr. 2, 1040 Wien, Tel. 01 506740, www.austria.embassy.gov.au

In Sydney

Besuch der nachfolgenden Konsulate jeweils nur nach telefonischer Absprache!

●**150** [G4] **Deutsches Generalkonsulat,** 100 William St, 17. Stock, Woolloomooloo, Sydney Trains: Kings Cross, Tel. 02 83024900 (Mo.–Do. 8–12.30 und 13–16.15, Fr. 8–14 Uhr) und Pass-Hotline: Tel. 02 83024949 (Mo. 8.30–11.30, Di. 13–14, Mi. 8–9, Do. 9–11 und 14–15, Fr. 8.30–11.30 Uhr), www. australien.diplo.de. In Notfällen außerhalb der Öffnungszeten auch Tel. 0412 359826 (auch per SMS).

●**151** [E3] **Österreichisches Honorargeneralkonsulat,** 1 York St, 10. Stock, Sydney Trains: Wynyard, Tel. 02 92513363 (Mo.–Fr. 9–12 Uhr), consu late.sydney@advantageaustria.org

●**152** [I] **Schweizerisches Generalkonsulat,** 101 Grafton St (Ecke Grosvenor St), Tower 2, 23. Stock, Bondi Junction, Sydney Trains: Bondi Junction, Tel. 02 83834000 (Mo.–Fr. 9–12 Uhr), www. eda.admin.ch/sydney

Ein- und Ausreisebestimmungen

Visum

Als Staatsbürger der EU und der Schweiz muss man auf der Internetseite der Einwanderungsbehörde ein drei Monate gültiges, kostenloses, elektronisch ausgestelltes **Touristenvisum** (eVisitor, subclass 651) beantragen (www.border.gov.au/Trav/Visa-1/651-). **Geschäftsreisende** können dieses Visum ebenfalls online beantragen. Der **Reisepass** muss mindestens noch sechs Monate über das Ausreisedatum aus Australien hinaus gültig sein. **Kinder** müssen einen eigenen Reisepass haben und einen eigenen Visumsantrag stellen.

Wer **kein Staatsbürger der EU oder der Schweiz** ist, kann sich bei der zuständigen australischen Botschaft (s. S. 104) über andere Visumsarten informieren.

Zollformalitäten in Sydney

Wenn man in Australien ankommt, erhält man im Flugzeug die **Incoming Passenger Card**, auf der man alle im Exkurs „Einfuhr verboten!" s. S. 106 beschriebenen Dinge deklarieren muss. Hat man dort etwas eingetragen, muss man damit durch den **Red Channel** (roten Kanal) gehen. Verbotene Substanzen und Produkte sollte man im Flugzeug liegenlassen oder in den bereitstehenden **Quarantänemülleimer** werfen. Alle deklarierten Dinge werden überprüft und meist sofort zurückgegeben. Falls nötig, darf man entscheiden, ob man für einen Export ins Ursprungsland zahlen will oder ob die betreffenden Dinge kostenlos vernichtet werden.

Mehrwertsteuerrückzahlung Alle Informationen zur Mehrwertsteuerrückzahlung finden sich im Abschnitt „Duty Free" auf Seite 86.

EXTRATIPP

Falls man verbotene Dinge einführt oder etwas nicht deklariert, droht ein **Sofortbußgeld** in Höhe von 340 $ bzw. man riskiert Geldbußen bis zu 66.000 $ und eine **Freiheitsstrafe** von bis zu 10 Jahren. Seit 1992 werden **Spürhunde** eingesetzt, die die Fluggäste und ihr Gepäck nach Betreten des Flughafens beschnuppern und anschlagen, wenn sie etwas aufspüren! Hat man nichts zu deklarieren, geht man durch den **Green Channel**.

> **Zollfreimengen:** Pro Person ab 18 Jahren dürfen 2,25 l Alkohol (inkl. Wein und Bier), 50 Zigaretten oder 50 g Tabakwaren sowie Neuwaren im Wert von 900 $ nach Australien eingeführt werden. Personen unter 18 Jahren dürfen Neuwaren im Wert von 450 $ einführen (keinen Alkohol oder Tabakwaren).

Europäischer Zoll

Im Folgenden ist aufgeführt, was man bei der Einreise **nach Europa einführen** darf. Selbstverständlich indiskutabel ist die Einfuhr von Waffen, Drogen und Tieren nach dem Artenschutzabkommen. Für Pflanzen, Pflanzenteile und deren Erzeugnisse ist ein **Pflanzengesundheitszeugnis** aus Australien erforderlich. D. h., schon bei Saatgut für australische Wildpflanzen muss man darauf achten, dass es von einer zuverlässigen Quelle gekauft wurde.

> **Tabakwaren** (für Personen ab 17 Jahren): 200 Zigaretten oder 100 Zigarillos oder 50 Zigarren oder 250 g Tabak oder eine anteilige Zusammenstellung dieser Waren

Einfuhr verboten!

*Bakterien, Viren und Schädlinge, die für Europas Flora und Fauna harmlos sind, können in Australien verheerende Epidemien verursachen. Daher hat Australien **sehr strenge Einfuhrbestimmungen** für den Flug- und Postverkehr, an die man sich halten sollte.*

Im Folgenden werden in jeder Produktgruppe zunächst die Produkte genannt, die man beim Zoll deklarieren muss. Diese werden auf Gefährlichkeit überprüft. Innerhalb jeder Produktgruppe ist die Einfuhr von einigen Produkten grundsätzlich verboten.

> *Pflanzenprodukte aus Stroh, Holz, Palmenblätter, Getreide, Kokosnuss, Bambus, Schilf, Tannenzapfen, getrocknete Blumen. **Verboten** sind: alle lebenden Pflanzen sowie Bananenblätter, Samen und Nüsse.*

> *Tierprodukte wie Tierfelle, Tierhaut, Sehnen, Horn, Pelz, Federn, Haar, Eierschalen, Knochen, Muscheln, Korallenstücke, Wolle, Faden, Teppiche etc. Ausgestopfte Tiere brauchen ein Zertifikat des Tierpräparators. **Verboten** sind: alle lebenden Tiere, es sei denn man bringt z. B. sein Haustier mit, was*

aber mindestens drei Monate Quarantäne für das Tier bedeutet.

> *Lebensmittel, egal ob gekocht oder roh, frisch oder im Glas eingemacht, essbar oder medizinisch anwendbar, z. B. Trockenfrüchte, Gemüse, Kräuter, Gewürze, Tee, Kräutermedizin, Süßes, Nudeln, Reis, Kaffee, Milchgetränke, Bienenprodukte. **Verboten** sind: frisches Fleisch, Fleischprodukte, Fischprodukte, Eier- und Milchprodukte, Obst, Gemüse, sogar frische Essensreste, die man während des Fluges serviert bekommen hat.*

> *Kleidung und Ausrüstung wie Lederkleidung, Schuhe mit eventuellen Erdresten (werden beim Zoll gereinigt, damit keine fremden Erreger, Pflanzensporen oder Tiereier eingeschleppt werden), Veterinärinstrumente, Sättel, Zaumzeug, Vogelkäfige, Zelte, Golfausrüstung, Fahrräder. **Verboten** sind: Sand und Erde.*

> *Mehr Informationen:*
> *Department of Immigration and Border Protection,*
> *www.border.gov.au*

> **Alkohol** (für Personen ab 17 Jahren) in die EU: 1 l Spirituosen (über 22 Vol.-%) oder 2 l Spirituosen (unter 22 Vol.-%) oder eine anteilige Zusammenstellung dieser Waren und 4 l nicht-schäumende Weine sowie 16 l Bier; in die Schweiz: 5 l bis 18 Vol.-% und 1 l über 18 Vol.-%

> **Andere Waren:** für See- und Flugreisende bis zu einem Warenwert von insgesamt 430 €, alle Reisende unter 15 Jahren 175 € (bzw. 150 € in Österreich); in die Schweiz: neu angeschaffte Waren bis zu einem Gesamtwert von 300 SFr

Wenn man mehr zollpflichtige Waren einführen möchte, als die Freigrenzen zulassen, können **Zoll, Verbrauchsteuer** und auch **Einfuhrumsatzsteuer** erhoben werden. **Nähere Informationen** erhält man beim zuständigen Zollamt.

> **Deutschland:** www.zoll.de oder Tel. 0351 44834510
> **Österreich:** www.bmf.gv.at oder Tel. 01 51433564053
> **Schweiz:** www.ezv.admin.ch oder Tel. 061 2871111

Elektrizität

In Australien nutzt man eine Stromspannung von **240/250 V** mit einer Frequenz von **50-Hz-Wechselstrom.** Deutsche Geräte funktionieren somit ohne Probleme, aber man benötigt für die australischen dreipoligen Steckdosen spezielle **Adapter** mit zwei leicht schräg stehenden Stiften und einem mittleren, senkrechten Stift zur Erdung (der nicht unbedingt nötig ist). Wenn man keinen Weltreisestecker hat, kann man einen passenden Adapter z.B. am Flughafen oder in vielen *convenience store*s in Sydney kaufen.

Geldfragen

In Australien bezahlt man mit dem australischen Dollar. Es gibt Scheine für 5 $, 10 $, 20 $, 50 $ und 100 $. Darüber hinaus gibt es Geldstücke im Wert von 2 $, 1 $, 50 Cent, 20 Cent, 10 Cent und 5 Cent.

   Der australischen Wirtschaft geht es noch immer gut, und das schon seit Jahren. Die Folge: Der australische Dollar ist stark und somit ist alles **vergleichsweise teuer.** Besucht man pro Tag zum Beispiel zwei kostenpflichtige Sehenswürdigkeiten, isst in normalpreisigen Cafés und Restaurants, kauft zwei Wasserflaschen und nutzt das öffentliche Verkehrsnetz, so sollte man mindestens mit einem Budget von 160 $ pro Person und Tag kalkulieren. Hinzu kommen noch die Kosten für die Unterkunft.

⌐ *Am ATM (Geldautomaten) kann man in Sydney problemlos Geld abheben*

   Der **Geldautomat** *(ATM = Automatic Teller Machine)* ist der ideale Ort zur Bargeldbeschaffung. Sowohl mit der **Bankkarte mit Maestro-Logo** (auch EC-Karte genannt) als auch der **Kreditkarte** muss man dazu den jeweiligen PIN-Code eingeben. Aufgepasst: Bankkarten mit der Bezahlfunktion **V Pay**, wie sie zum Beispiel

Wechselkurse

(Stand: Januar 2016)
1 € = 1,57 $
1 $ = 0,64 €/0,70 SFr
1 SFr = 1,43 $

❯ App-Tipp: Mit **Easy Currency** kann man Geldbeträge schnell umrechnen (kostenlos für iOS und Android).

von der Postbank ausgegeben werden, funktionieren außerhalb Europas nicht.

❯ Weitere Informationen: www.vpay.de

Gleich nach Ankunft am Flughafen stehen zur Bargeldbeschaffung 33 Geldautomaten zur Verfügung. Die **wichtigsten Banken** sind ANZ Bank, Commonwealth Bank, National Australia Bank, St. George Bank und Westpac Bank, die alle eine Vielzahl an Filialen in der Stadt unterhalten (Mo.–Fr. 9.30–16/17 Uhr). Man muss jedoch keine Bankfiliale suchen, denn die Geldautomaten findet man z. B. in Einkaufszentren, in *convenience stores* und an Sydney-Trains-Bahnhöfen. Wenn man einen Automaten sucht, fragt man am besten einen Passanten: „Excuse me, do you know where I can find an ATM around here?"

Wie hoch die **Kosten für die Barabhebung** sind, variiert je nach kartenaustellender Bank und der Bank, bei der die Abhebung erfolgt. Man sollte sich daher vor der Reise bei seiner Hausbank informieren, mit welcher Bank sie vor Ort zusammenarbeitet und auch online bei www.geld-abheben-im-ausland.de die **Konditionen für Kreditkarten** vergleichen, mit denen man im Ausland gebührenfrei Geld abheben kann.

Achtung: Hat man bei Barabhebungen am Geldautoamten die Wahl, sollte man **den Betrag immer in der Landeswährung vom Konto abbuchen lassen** und nicht in Euro. Bei einer Abbuchung in Euro wird die **Dynamic Currency Conversion** zugrunde gelegt, die erhebliche Kosten verursachen kann. Bei Abbuchung in der Landeswährung wird hingegen der offizielle Devisenkurs der eigenen Bank zugrunde gelegt und dies ist am sichersten. Grundsätzlich vorteil-

Nicht auf den Cent genau
1985 wurden die **1- und 2-Cent-Münzen abgeschafft,** wodurch krumme Beträge beim Bezahlen **nach unten bzw. oben gerundet werden.** Also: Nicht wundern, wenn man das Wechselgeld nicht auf den Cent genau zurückbekommt!

hafter ist das **bargeldlose Zahlen** im Geschäft mit der **Kreditkarte.**

Wer lieber **Bargeld** mitbringt, findet am Flughafen **Wechselstuben** von Travelex und lässt sich dort am besten Adressen der innerstädtischen Niederlassungen nennen. Wer dringend eine größere Summe benötigt, kann sich über **Western Union** Geld schicken lassen (www.westernunion.de).

❯ Falls einem die Bank- oder Kreditkarte abhanden gekommen ist, s. S. 114.

Informationsquellen

Infostellen in der Stadt

Touristische Infostellen, die auch kostenlose Karten anbieten:

❶**153** [E2] **Sydney Visitor Centre The Rocks,** The Rocks Centre, 1. Stock, Argyle St/Playfair St, The Rocks, Tel. 0061 1800067676, geöffnet: tägl. 9.30–17.30 Uhr

❶**154** [D4] **Sydney Visitor Centre Darling Harbour,** 33 Wheat Rd (zwischen IMAX Theatre und Darling Walk), Darling Harbour, Tel. 0061 1800067676, geöffnet: tägl. 9.30–17.30 Uhr

❶**155** [II] **Hello Manly, Official Booking and Information Centre,** The Forecourt, Manly Wharf, Manly, Tel. 00612 99761430, www.hellomanly.com.au, Mo.–Fr. 9–17, Sa./So. 10–16 Uhr

Sydney preiswert

Die **Sydney Harbour Bridge** 7 und das **Sydney Opera House** 11 lassen sich von außen vollkommen kostenlos bestaunen und aus jedem Blickwinkel fotografieren. Die beiden schönsten Parkanlagen, von denen man einen wunderbaren Blick auf die City und/oder den Hafen hat, sind ebenfalls kostenlos zugänglich: die **Royal Botanic Gardens** 12, der **Hyde Park** 22 und das Barangaroo Reserve 5.

Kunstfreunde kommen im **Museum of Contemporary Art** 2, in der **Art Gallery of NSW** 21 oder im **Manly Art Gallery & Museum** 56 vollkommen gratis auf ihre Kosten. Und darüber hinaus gibt es eine Vielfalt an Galerien (s. S. 68) in der Stadt, in denen man zeitgenössische Arbeiten australischer Künstler bewundern darf.

Es gibt noch viele weitere Sehenswürdigkeiten, die man kostenlos besichtigen kann, darunter das **Museum des Sydney Observatory** 3, **The Mint** 16, das **Museum of Australian Currency Notes** (s. S. 66), das **ANZAC Memorial** 22, die **Victoria Barracks** 43 und die fünf Museen und Kunstgalerien der **Sydney University** 47.

Plant man einen Besuch bei Attraktionen von **Merlin Entertainments** wie dem Sydney Tower Eye 19, Sydney Aquarium 35, Sydney Zoo 36, Madame Tussauds 34 oder Manly Sea Life Sanctuary (s. S. 61), spart man generell Geld, wenn man die Eintrittskarte online kauft (auch beliebige Kombinationstickets zusammenstellbar).

Vergleichsweise preiswert ist auch ein Besuch der Gebäude des **Historic Houses Trust of NSW,** die seit 2013 unter dem Namen „Sydney Living Museums" verwaltet werden: **Elizabeth Bay House** 38, **Hyde Park Barracks** 26, **Susannah Place** (s. S. 67), **Museum of Sydney** (s. S. 67) und **Justice & Police Museum** 10 (8-10 $ pro Sehenswürdigkeit).

Ein Strandbesuch am **Bondi Beach** 50, **Coogee Beach** 55 oder **Manly Beach** 57 sowie das Baden in den meisten Meeresfreibädern rund um Sydney ist ebenfalls kostenlos, man sollte lediglich in eine **Opal Card** für den **öffentlichen Verkehr** (s. S. 127) investieren, damit man sich so preiswert wie möglich fortbewegen kann.

Will man bei der **Verpflegung** sparen, empfiehlt sich der Besuch der Foodcourts in den Einkaufszentren (s. S. 82), wo man immer etwas nach seinem Geschmack finden kann und in der Regel weniger zahlt als im Café oder Restaurant.

Darüber hinaus gibt es vier **Kioske,** die kostenlose Karten, Broschüren und allgemeine Infos anbieten. Sie finden sich an folgenden Standorten:
- ❯ **Town Hall** 21, geöffnet: 9–17 Uhr
- ❯ **Circular Quay** 8, Pitt St und Alfred St, geöffnet: 9–17 Uhr
- ❯ **Dixon Street** [E5], Nähe Goulburn St, Haymarket, geöffnet: 11–17 Uhr
- ❯ **Kings Cross** [H4], Darlinghurst Rd und Springfield Av, geöffnet: 9–17 Uhr

Kartenservice

Tickets für Theater, Konzerte und Musicals etc. bekommt man bei den folgenden Stellen:

Kostenlos Zeitung lesen
Wer gerne Zeitung in der gedruckten Version liest, findet in der **Stadtbücherei im Customs House** ❾ u. a. die FAZ, Le Monde, die New York Times , die Financial Times und das Wall Street Journal – täglich frisch und auch bis zu vier Wochen alte Ausgaben. WLAN.

> **Ticketek,** www.ticketek.com. Für große Events, u. a. in den Bereichen Theater, Oper, Musik, Film.
> **Ticketmaster,** www.ticketmaster.com.au. Für große Events, u. a. in den Bereichen Theater, Oper, Musik, Film.
> **Moshtix,** www.moshtix.com.au. Für Pop- und Rockkonzerte (eher kleiner, alternativ).

Sydney im Internet

> www.cityofsydney.nsw.gov.au – offizielle Website der Stadtverwaltung.
> www.whatsonsydney.com – Hier erfährt man, was in der Stadt los ist.
> www.weather.smh.com.au – Genaue Wettervorhersagen für Sydney mit Detailinformationen für alle Stadtteile
> www.bondivillage.com – Tourismus- und Community-Informationen zu Bondi Beach
> www.darlingharbour.com – Offizielle Tourismusinfos zu Darling Harbour
> www.kingscrossonline.com.au – Tourismus- und Community-Infos zu Kings Cross (mit Darlinghurst, East Sydney, Potts Point, Woolloomooloo)
> www.manlyaustralia.com.au – Tourismus- und Community-Infos zu Manly
> www.manly.nsw.gov.au – Auf der offiziellen Website der Gemeindeverwaltung von Manly findet man unter „What's On" Informationen zu den wichtigsten Veranstaltungen.

> www.therocks.com – Die offizielle Tourismus-Website zu The Rocks bietet Veranstaltungsinformationen und vieles mehr.
> www.glebesydney.com – Tourismus- und Community-Infos zu Glebe

Sydney-Apps

Außer den an anderen Stellen in diesem Buch beschriebenen Apps sind auch diese empfehlenswert:

> **Triple J Unearthed** (kostenlos für iOS und Android): App des gleichnamigen Radiosenderformats, der ausschließlich Musik von jungen australischen Talenten spielt. Tracks zum Streamen und Downloaden.
> **Weatherzone** (kostenlos für iOS und Android): App mit stadtteilgenauen Wetterinformationen für ganz Australien

Internet und Internetcafés

Die meisten **Unterkünfte** in Sydney bieten kostenlose oder preisgünstige Internetverbindungen. **Internetcafés** werden immer seltener, schließlich reisen die Meisten mit Smartphone und brauchen nur noch WLAN.

Kostenloses WLAN *(free WiFi)* gibt es z. B. bei McDonald's, Starbucks, Gloria Jean's (Café-Kette), am Circular Quay ❽, Sydney Airport, Sydney Ferries, Manly Ferries, vielen Museen, im Customs House ❾, der State Library of NSW und anderen Bibliotheken. Viele andere **Cafés** und **Restaurants** bieten ihren Kunden auf Nachfrage WLAN-Zugang.

Die Stadt hat Anfang 2015 zudem den Beschluss gefasst, endlich kostenloses WLAN im ganzen CBD-Bereich einzurichten, noch bevor die neue LightRail-Linie 2018 fertiggestellt sein wird.

Meine Tipps zu Literatur, Film, Theater und Tanz

Literatur

Abgesehen von Bildbänden gibt es kaum Buchempfehlungen zum Thema Sydney in deutscher Sprache. Will man einen Einblick in die Psyche der Sydneysider und/oder die komplexe Geschichte der Stadt und der Nation bekommen, sind folgende englischsprachige Bücher empfehlenswert:

❯ *Peter Carey: „30 Days in Sydney".*
Ein literarisches Reisebuch, das die Atmosphäre und die Lebensweise in Sydney einzufangen vermag. Es bietet sowohl eine historische als auch eine zeitgenössische Betrachtung Sydneys aus dem Blickwinkel des Autors, der aus Sydneys Stadtviertel Balmain stammt, aber heute in New York lebt.

❯ *Tim Flannery (Hrsg.): „The Birth of Sydney".* *Eine Collage aus Stadtbeschreibungen aus der Sicht der frühen Entdecker, Pioniere, Journalisten sowie von Stadtbesuchern damals und heute.*

❯ *Delia Falconer: „Sydney: Haunted City".* *Ein literarisches Werk über die Psyche der Sydneysider und die aktuellen städtebaulichen Entwicklungen aus der Sicht einer waschechten Sydneysiderin mit frischem Schreibstil.*

❯ *Elfi H. M. Gilissen: „Kulturschock Australien".* *Dieses Buch behandelt die Besonderheiten der Australier, wobei die Geschichte und naturkundliche Gegebenheiten ebenso detailliert geschildert werden wie die sozialen Beziehungen und Eigenheiten.*

❯ *Ansonsten gilt: Man sollte in Sydney in Buchläden stöbern, denn australische Titel haben oft kleine Auflagen und sind häufig nur vor Ort zu erwerben. Bei Gleebooks (s. S. 86) wird einem mit Sicherheit ein australischer Titel im gewünschten Genre empfohlen.*

Film und Fernsehen

❯ *Australische Filme kommen eher selten in deutsche Kinos (mit Ausnahme des alljährlichen Down-Under-Filmfestivals in Berlin, www. downunderberlin.de), australische Fernsehproduktionen noch seltener. Sie bieten aber beide eine exzellente Möglichkeit, Einblicke in die australische Seele zu bekommen. Also sollte man ruhig abends ein wenig gezielt zappen oder ins Kino gehen. In Sydney spielende Serien, die auch online erhältlich sind, wären z. B. „Offspring", „Packed to the Rafters" oder auch „Love My Way".*

Theater und Tanz

❯ *Nicht verpassen sollte man einen Auftritt des Bangarra Dance Theater, einem Weltklasse-Ensemble, das Aboriginal-Themen mit modernster Tanzkunst umsetzt (www. bangarra.com.au).*

❯ *Nebst entspechenden Produktionen der Sydney Theatre Company (www.sydneytheatre.com.au) stehen auch solche des renommierten Belvoir Theatre in Surry Hills für einen authentischen Einblick in das Leben der Sydneysider.*

Medizinische Versorgung

Die medizinische Versorgung ist in Sydney hervorragend. **Medikamente** und eine **Beratung** erhält man in der **Apotheke** *(pharmacy/chemist),* die man in jedem Einkaufszentrum findet. Viele Medikamente, z. B. leichte Schmerzmittel, Hustensaft oder Vitamine, sind auch im Supermarkt oder *convenience store* erhältlich.

Ärzte und Krankenhäuser

Ist man ernsthaft verletzt oder glaubt, dass ein operativer Eingriff nötig sein könnte, sollte man die **Notaufnahme** *(emergency)* eines Krankenhauses aufsuchen. Ansonsten kann man auch eine **Gemeinschaftspraxis** *(medical centre)* besuchen.

Deutsche, Schweizer und Österreicher müssen **Arztrechnungen** vor Ort zunächst **in bar bezahlen** und dann später mit der **Reisekrankenversicherung** (s. S. 129) abrechnen. Eine viertelstündige Konsultation kostet ca. 80 bis 90 $ (oftmals bar zu zahlen).

Staatliche Krankenhäuser

✚**156** [II] **Manly Hospital,** Darley Rd, Manly, Tel. 99769611
✚**157** [I] **Prince of Wales Hospital,** High St, Randwick (Nähe Bondi Beach), Tel. 93822222
✚**158** [F3] **Sydney Hospital & Sydney Eye Hospital,** 8 Macquarie St, Tel. 93827111
✚**159** [II] **Bear Cottage,** 2 Fairy Bower Rd, Manly, Tel. 99768300. Kinderkrankenhaus.
✚**160** [I] **Sydney Children's Hospital,** High St, Randwick (Nähe Bondi Beach), Tel. 93821111. Kinderkrankenhaus.

Medical Centres

✚**161** [C6] **Broadway General Practice,** Broadway Shopping Centre, 1. Stock, Bay St, Glebe, Tel. 82451500, www.broadwaygeneralpractice.com.au
✚**162** [F5] **CBD Medical Centre,** 242 Castlereagh St, Tel. 92680133, www.sydneycbdmedicalcentre.com.au
✚**163** [E5] **Dental Clinic @ World Tower,** 87–89 Liverpool St, 11. Stock, Suite 1104, Tel. 92690514, www.bestdentist.com.au. Zahnärztliche Behandlungen.
✚**164** [D3] **Sydney Dental Health,** Macquarie Bank, Erdgeschoss, 1 Shelley St, Tel. 92995345, www.sydneydentalhealth.com.au. Zahnärztliche Behandlungen.

Apotheke

✚**165** [E5] **Priceline Pharmacy World Square,** 644 George St, City, Tel. 92680042, www.priceline.com.au (für weitere Filialen), geöffnet: Mo.–Fr. 8.30–23, Sa. 9–23.30, So. 11–23 Uhr

Mit Kindern unterwegs

Sydney hat auch für Kinder viel zu bieten. Die Stadt ist von viel **Grün** und von **Stränden** mit endlosen Wassersportmöglichkeiten umgeben und hat viele Attraktionen und Museen, die geradezu für Kinder gemacht sind.

Bei Sehenswürdigkeiten und Attraktionen gibt es für Kinder von 4 bis 15 Jahren **Ermäßigungen** von ca. 50 %, unter 4 Jahren ist der Eintritt in der Regel frei. Darüber hinaus gibt es fast immer attraktive **Familientarife,** die üblicherweise für zwei Erwachsene und zwei zahlpflichtige Kinder gelten.

▷ *Im Luna Park (s. S. 22) am Ende der Sydney Harbour Bridge ist jeden Tag etwas los*

115sy Abb.: fo©Andrea Izzotti

Bei den Sydney-Bussen und -Fähren brauchen Kinder unter 4 Jahren ebenfalls kein Ticket.

23 [F5] **Australian Museum.** Hier ist man Auge in Auge mit tasmanischen Tigern, Beutelteufeln, Spinnen, Schlangen und vielen anderen australischen Tieren (ausgestopft oder anders präpariert). Außerdem gibt es funkelnde Mineralien und noch mehr naturkundliche Besonderheiten Australiens zu sehen.

37 [D4] **Australian National Maritime Museum.** Expeditionen zur Antarktis, Weltumsegelungen, U-Boote und alte Schiffe – das Schifffahrtsmuseum fasziniert junge Abenteurer.

❯ **Bridge Climb** (s. S. 22). Eine aufregende Besteigung der Sydney Harbour Bridge für alle Schwindelfreien ab 10 Jahren.

10 [F2] **Justice & Police Museum.** Rechtsprechung zu Zeiten der Strafgefangenenkolonie und Einblicke in das Leben der berühmten *bushranger* (Buschräuber) finden vor allem Teenager interessant, die gerne Krimis schauen.

❯ **Luna Park** (s. S. 22). Die Attraktionen dieser permanenten Kirmes an Milson's Point sind vor allem für Teenager und Erwachsene gedacht, aber auch die Allerkleinsten kommen auf ihre Kosten.

●**166** [II] **Little Manly Cove.** Kleiner familienfreundlicher Badestrand mit Spielplatz und Kiosk in Manly.

34 [D4] **Madame Tussauds.** Das Wachsfigurenkabinett zeigt berühmte australische und internationale Persönlichkeiten.

❯ **McIvers (Women's) Baths** (s. S. 60). Meeresfreibad für Frauen und kleine Kinder in Coogee (keine Männer gestattet).

❯ **Nielsen Park** (s. S. 87). Toller Badestrand am Rand eines schönen Parks mit praktischem Kiosk-Café in Vaucluse.

32 [D5] **Powerhouse Museum.** Das größte Museum der Stadt stellt vor allem die Geschichte der technischen Errungenschaften vor.

12 [F2] **Royal Botanic Gardens.** Hier kann man sich austoben, Verstecken spielen, Ibisse und Flughunde bewundern oder eine kleine Rundfahrt mit einem Minizug auf Rädern machen.

35 [D4] **Sea Life Aquarium Sydney.** Die faszinierende Unterwasserwelt legt den Schwerpunkt auf die Bewohner australischer Gewässer.

EXTRAINFO

Verhalten bei Bissen und Stichen

Bei allen Stichen oder Bissen von Schlangen, Trichternetzspinnen (Funnel-web spiders), Maussspinnen (Mouse spiders), Blau-Ring-Oktopoden (Blue-ringed octopuses), Konusmuscheln (Cone shells) und Stachelrochen (Stingrays) sollte man einen Druckverband anlegen. Man bandagiert das Körperteil von unterhalb der Bisswunde in Richtung Herz so fest und so weit wie möglich, als sei es ein verstauchter Knöchel und baut eine Schiene ein, damit das Körperteil nicht mehr bewegt wird. Der Verletzte muss so schnell wie möglich ins Krankenhaus gebracht werden.

Auf keinen Fall darf die Wunde gewaschen werden, denn anhand der Giftreste auf der Hautoberfläche kann die Tierart und somit das u. U. notwendige Gegengift schneller bestimmt werden.

> **Vergiftungszentrum** (NSW Poisons Information Centre): Tel. 131126

Notruf

> **Notruf:** Tel. 000
> **Suchdienst** (Search and Rescue): zur See Tel. 1800641792 (mit europäischem Handy 0061262306811) und aus der Luft Tel. 1800815257 (mit europäischem Handy Tel. 0061262306899)

🔴 [E2] **Sydney Observatory.** Ehemalige Sternwarte mit Teleskop und Blick in den australischen Sternenhimmel: alles zu Milchstraße, Kreuz des Südens und viel Astronomiegeschichte.

> **Taronga Zoo** (s. S. 28). Hier sieht man mehr australische Tiere als nur Känguru, Koala und Krokodil. Ein Muss!

🔴 [D4] **Wild Life Zoo.** Wenn man keine Zeit für den Taronga Zoo hat, lernt man hier einen Teil der australischen Tierwelt auf kleinem Areal hautnah kennen.

> **Spielplätze,** z. B. in unmittelbarer Nähe des Hotels, kann man sich unter www.cityofsydney.nsw.gov.au mit dem Suchbegriff „Playgrounds" anzeigen lassen.

> Ein weiteres Highlight sind **Fahrten mit der Fähre,** z. B. nach Manly, Watson's Bay oder auch nur nach Darling Harbour (s. S. 120).

> Sind die Kinder über 10 Jahre alt und seefest, ist ein **Segeltörn** sicherlich ein einmaliges Erlebnis (s. S. 119).

Notfälle

Egal, ob man einen Krankenwagen, die Polizei oder die Feuerwehr braucht, man wählt im Notfall immer die **Notfallnummer 000!** Wie man sich bei einem Schlangen- oder Spinnenbiss verhält, erfährt man im Infokasten links.

🔴 **167** [E2] **Police Station The Rocks,** 132 George St, Tel. 82206399

> **Polizei** (Police Assistance Line): Tel. 131444 (keine Notrufe) oder mit europäischem Handy: Tel. 0061243520444, auch bei Verlust von wichtigen Dokumenten und Verdacht auf Diebstahl

Karten- oder Ausweisverlust

Bei **Verlust der Debit-(EC-)** oder der **Kreditkarte** gibt es für Kartensperrungen eine **deutsche Zentralnummer** (unbedingt vor der Reise klären, ob die eigene Bank diesem Notrufsystem angeschlossen ist). **Aber Achtung:** Mit der telefonischen Sperrung sind die Karten zwar für die Bezahlung/Geldabhebung mit der PIN gesperrt, nicht jedoch für das **Lastschriftverfahren** mit Unterschrift. Man sollte daher auf jeden Fall den Verlust zusätzlich bei der Polizei zur Anzeige bringen, um gegebenenfalls auftretende Ansprüche zurückweisen zu können.

In Österreich und der Schweiz gibt es keine zentrale Sperrnummer, daher sollten sich Besitzer von in diesen Ländern ausgestellten Debit-(EC-) oder Kreditkarten vor der Abreise bei ihrem Kreditinstitut über den zuständigen Sperrnotruf informieren.

Generell sollte man sich immer die wichtigsten Daten wie Kartennummer und Ausstellungsdatum separat notieren, da diese unter Umständen abgefragt werden.

❭ Deutscher Sperrnotruf: Tel. +49 116116 oder Tel. +49 3040504050
❭ Weitere Infos: www.kartensicherheit.de, www.sperr-notruf.de

Wird der Reisepass oder Personalausweis im Ausland gestohlen, muss man den Verlust bei der örtlichen Polizei melden. Darüber hinaus sollte man sich an die nächste diplomatische Auslandsvertretung (s. S. 104) seines Landes wenden, damit man einen Ersatzausweis ausgestellt bekommt.

Fundbüro

Falls das Gepäck nach dem Flug nicht auf dem Gepäckband erscheint, sollte man den Verlust direkt bei seiner Airline melden. Wenn man etwas in den Terminals verliert, wendet man sich an Lost Property Sydney Airport.

❭ Lost Property Sydney Airport,
Tel. 96679111, lost.property@syd.com.au (International Terminal T1), Tel. 96679111, lost.property.t2@syd.com.au (Domestic Terminal T2), Tel. 99529312 (Domestic Terminal T3, Qantas Airways)

Für an anderen Stellen verlorengegangene Dinge kann man sich an die unten genannten Stellen wenden, ansonsten hilft die Polizei (s. S. 114).

❭ Sydney Buses, je nach Busdepot, nachschlagbar unter www.sydneybuses.info/lost-property
❭ Sydney Ferries, Tel. 81133002, Lost Property Office, Circular Quay Wharf 3, Mo.–Fr. 7.30–15.30 Uhr
❭ Taxis/Wassertaxis, je nach Taxifirma (s. S. 128)
❭ Sydney Light Rail (Transdev Sydney), Tel. 85845288 (Mo.–Fr. 8.30–17 Uhr)
❭ Sydney Trains, Tel. 93793341, Lost Property Office, 484 Pitt St, City, Mo.–Fr. 8–17 Uhr. Bei Abholung ist eine Bearbeitungsgebühr von 7,20 $ zu zahlen.
❭ Airport Line (Bahnhof an Airport International oder Airport Domestic), Tel. 83378517 (Mo.–Fr. 9–17 Uhr), 83378400 (außerhalb der Bürozeiten)

Post

Australia Post unterhält Filialen in der ganzen Stadt. Die Öffnungszeiten variieren zwar je nach Filiale, aber die Kernöffnungszeit ist Mo. bis Fr. 9 bis 17 Uhr und manchmal Sa. 10 bis 14 Uhr.

✉ 168 [E3] Australia Post, 1 Martin Pl, City, Mo.–Fr. 8.15–17.30, Sa. 10–14 Uhr

Briefkästen sind ca. 1,50 m hoch und knallrot bzw. gelb für Express Post. Man darf hier ausschließlich reine Briefpost einwerfen! Wenn man etwas anderes versenden möchte, muss man es in einer Poststelle abgeben und für den Zoll auch genaue Angaben (in englischer Sprache) machen, was enthalten ist.

Das Luftpostporto (ca. 6 Werktage) für eine Postkarte (240 x 130 x 5 mm, 20 g) beträgt 1,60 $. Für Briefe bis 50 g zahlt man 2,75 $, für Briefe (260 x 360 x 20 mm) bis zu 250 g 7,40 $. Ein Brief der gleichen Größe bis zu 500 g kostet 16,50 $. Weitere Tarife kann man unter www.auspost.com.au (Stichwort „Parcels & Mail", „Sending Overseas") nachsehen.

Schwule und Lesben

In Sydney gehören Schwule und Lesben im Grunde nicht gesondert genannt, denn die Stadt ist in dieser Hinsicht eine der tolerantesten der Welt. Alljährlich findet hier mit dem **Mardi Gras der LGBT-Szene** (LGBT steht für Lesbian, Gay, Bisexual, Transgender) eine der weltweit größten Gay-Pride-Paraden statt. Was Bars, Restaurants oder Unterkünfte anbelangt, muss man nicht nach LGBT-freundlichen Häusern suchen, auch wenn sich diese in den **LGBT-Hochburgen** Darlinghurst, Kings Cross ⑨, Enmore, Erskineville und Newtown oft mit dem typischen **Regenbogen-Sticker** ausweisen.

Traditionell ist die **Schwulenszene** u. a. in **Darlinghurst** zu Hause. Neue Klubs machen hier aber schon lange nicht mehr auf, einige alte, wie das Stonewall, bleiben gern besuchte Urgesteine. Insgesamt hat sich die LGBT-Szene jedoch verändert und dezentralisiert. Zwar gibt es noch hier und da bestimmte Themen-Partys, wie Abende mit Drag-Shows, aber die Lesbenabende, die es früher gab, sind nun auch eher verschwunden.

169 [G6] **ARQ,** 16 Flinders St, Darlinghurst, www.arqsydney.com.au, Eintritt: bis zu 25 $. Do.–So. verschiedene DJs und Dragshows. Bei der Gay-Szene beliebt.

170 [I] **Sly Fox Hotel,** 199 Enmore Rd, Enmore, Sydney Trains: Newtown, www.

EXTRATIPP

Ideal zum Hineinschnuppern

› **www.starobserver.com.au.** Internetversion des kostenlosen Szeneblattes Sydney Star Observer mit Nachrichten und Tipps für die LGBT-Szene (siehe „Out and About", „Whats On").

› **www.lotl.com.** Internetversion des kostenlosen Szeneblattes Lesbians on the Loose mit Nachrichten und Tipps für die Lesben-Szene.

› **www.gaysydney4u.com.** Bars, Klubs, Hotels, Saunas – kommentierte Adressen für Homosexuelle in Sydney.

› **http://sydney.gaycities.com.** Infos zu Bars, Klubs, Events, Hotels und Shops.

› **www.samesame.com.au.** Gute Website mit Nachrichten aus der LGBT-Szene, aber auch Veranstaltungskalender für Sydney unter „What's On".

slyfox.sydney. Ein typischer Pub, in dem bislang vor allem mittwochs auffallend viele Girls aus der Lesbenszene verkehrten. Im Juli 2015 wechselte der Eigentümer, der jetzt regelmäßige DJ-Events plant. Ob der Pub weiter ein Liebling der Lesbenszene bleiben wird, muss man abwarten.

171 [G6] **Stonewall Hotel,** 175 Oxford St, Darlinghurst, www.stonewallhotel.com. Ikone unter den Gay-Bars mit regulären Dragshows und Partythemen, in der sich alle Altersstufen der Szene auf drei Etagen austoben.

▷ *Der sich ständig wandelnde Taylor Square [G6] in Darlinghurst ist das Zentrum des „schwulen Sydney"*

Sicherheit

In Bezug auf die **Kriminalität** ist Sydney mit Großstädten wie Hamburg, Berlin, Wien oder Amsterdam vergleichbar. Es gibt also keinen Grund zur Sorge, wohl aber zur üblichen Vorsicht. Bei größeren Menschenansammlungen sollte man sich vor **Taschendieben** in Acht nehmen und seine Wertsachen möglichst im Hotelsafe einschließen.

Prostitution und **Drogenhandel** sind in Kings Cross und East Sydney immer noch allgegenwärtig, allerdings werden die Viertel auch immer mehr saniert und den Aktivitäten ein Riegel vorgeschoben.

Sport und Erholung

Baden und Schwimmen

Wem das Meer und die Meeresfreibäder wie Bondi Icebergs (s. S. 57) und Wylie's Baths (s. S. 60) zum Schwimmen nicht ausreichen, wird hier fündig (meist schließen die Freibäder Ende April bis Anfang September eine Stunde eher als angegeben):

S172 [G2] **Andrew (Boy) Charlton Pool,** Mrs. Macquaries Rd (am Rande des Botanischen Gartens), www.abcpool.

org, geöffnet: tägl. 6–20 Uhr, Eintritt: 6,20 $. Mit beheiztem 50-m-Freibad, kleinem Übungsfreibad, Fitnessraum und dem Poolside Café (s. S. 76).

S173 [F4] **Cook & Phillip Park Aquatic and Fitness Centre,** 4 College St (am Rande von Hyde Park), www.cookand phillip.org.au, geöffnet: Mo.–Fr. 6–22, Sa./So. 7–20 Uhr, Eintritt: 7,20 $ (19,80 $ inkl. Fitnessräume). Beheiztes 50-m-Hallenbad, Spaßbad mit Wellenmaschine und Flusslauf sowie Hydrotherapiebecken, Fitnessräumen, Café und Kinderspielecke.

S174 [D5] **Ian Thorpe Aquatic and Fitness Centre,** 438–484 Harris St, Darling Harbour, www.itac.org.au, geöffnet: Mo.–Fr. 6–21 (Fitness bis 22), Sa./So. bis 20 Uhr, Eintritt: 7,20 $ (19,80 $ inkl. Fitnessräume). Beheiztes 50-m-Hallenbad mit Whirlpool, Sauna und Fitnesszentrum.

S175 [I] **North Sydney Olympic Pool,** 4 Alfred St South (neben Sydney Harbour Bridge), North Sydney, geöffnet: Mo.–Fr. 5.30–21, Sa./So. 7–19 Uhr, Eintritt: 7,50 $, mit Sauna und Spa 12 $. 50-m-Freibad mit außergewöhnlichem Blick auf die Harbour Bridge und Sydney.

S176 [C7] **Victoria Park Pool,** City Rd (Ecke Parramatta Rd), Glebe, geöffnet: Mo.–Fr. 6–20, Sa./So. 7–19 Uhr (Fitness bis 20 Uhr), Eintritt: 6,20 $. Beheiztes 50m-Freibad und Kleinkindpool.

Surfen

Besonders zum Surfen geeignete Strände in Citynähe sind **Bondi Beach** 50, **Tamarama Beach** 51, **Bronte Beach** 52 und **Fairy Bower Beach** (s. S. 62). Wenn man genau wissen will, wann es wo ideale Surfbedingungen gibt, installiert man am besten die populäre App **Hurley Surf Coastalwatch** (2,99 € für iOS, 1,93 € für Android).

Ausrüstung kann man in Bondi Beach entlang der Campbell Pde kaufen oder mieten, in Manly in den Shops an der South Steyne oder der Pittwater Rd.

S 177 [III] **Let's Go Surfing**, 128 Ramsgate Av, North Bondi, Tel. 93651800, www.letsgosurfing.com.au. Surfkurse ab 99 $ für 2 Stunden. Hier wird alles vermietet, was man zum Surfen braucht.

S 178 [II] **Manly Surf School**, North Steyne Surf Lifesaving Club, Manly, Tel. 99327000, www.manlysurfschool.com. Surfunterricht ab 70 $ für 2 Stunden, auch SUP *(Stand Up Paddling)*.

SUP (Stand Up Paddling)

S 179 [I] **Oz SUP Centre Rose Bay**, Bootsanleger Woollahra Sailing Club, 4 Vickery Av, Rose Bay, Tel. 18007826387, www.ozsup.com.au. Unterricht in Rose Bay ab 40 $.

› **Sydney Scenic SUP**, Tel. 0412 245009, www.sydneyscenicsup.com.au. Unterricht und Touren in Mosman und Watson's Bay ab 59 $.

Tauchen und Schnorcheln

Rund um den Hafen gibt es verschiedene Tauch- und Schnorchelmöglichkeiten (oft auch preiswerte Angebote ab 179 $). Gute **Tauchveranstalter** sind:

Slip, Slop, Slap!

Die **UV-Strahlung** ist in Australien viel aggressiver, verursacht nachweislich Hautkrebs und kann einem auch einen gehörigen Sonnenstich verpassen. Daher „Slip, Slop, Slap: slip on a shirt, slop on some sunscreen, slap on a hat" – ein **Shirt** anziehen, **Sonnencreme** auftragen und einen **Hut** aufsetzen! Nicht vergessen: Ausreichend **Wasser trinken**!

Zwischen den Flaggen schwimmen

2014 ertranken 64 Menschen an australischen Stränden und Rettungsschwimmer waren bei rund 11.000 Rettungen im Einsatz. Selbst die besten Schwimmer können durch Unterströmungen weit von der Küste abgetrieben werden. Halten Sie sich daher an die **Empfehlungen der Rettungsschwimmer**:

› Nur an **bewachten Strandabschnitten** (in den Sommermonaten meist von 8 bis 18 Uhr) **zwischen den gelb-roten Flaggen** schwimmen. Hier ist man vor tückischen Strömungen sicher.

› Wenn etwas im Wasser passiert, **Ruhe bewahren, sich treiben lassen, winken,** um sich aufmerksam zu machen, und **auf Hilfe warten.** So hält man am längsten durch.

› Für weitere Tipps von Surf Life Saving Sydney siehe www.surflifesavingsydney.com.au/lifesaving/surf-safety

S 180 [II] **Dive Centre Manly**, Tel. 99774355, www.divesydney.com.au. Tauchkurs ab 495 $.

S 181 [IV] **Pro Dive (Coogee und Manly)**, Tel. 81161199, www.prodive.com.au. Dreitägiger Tauchkurs ab 399 $.

Segeln

Wer gern bei einem echten Segeltörn dabei sein möchte, egal ob man
mit anpacken oder einfach nur dabei
sein will, kann telefonisch bei folgenden Anbietern buchen:

§182 [C3] **Sailing Sydney,** Tel.
1300670008, www.sailingsydney.net.
Zweieinhalb- bis dreistündiger Segeltörn
auf einer 75-Fuß-Segeljacht ab Wharf
9, King St Wharf, Darling Harbour, ab
129 $. Man braucht Turnschuhe mit wei-
ßen Sohlen, einen warmen Pullover oder
eine Jacke, Hut, Sonnenmilch und Sonnenbrille und sollte eine Kamera mitbringen. Keine Erfahrung im Segeln erforderlich. Kinder ab 10 Jahren dürfen in
Begleitung eines Erwachsenen an Bord.

§183 [D3] **Sydney Heritage Fleet,** Tel.
92983888, www.shf.org.au. Segeltörn
mit historischem Nachbau der James
Craig für 170 $ (für 60 $ extra darf man
auf See unter Anleitung in die Takelage
klettern), Sa./So. um 9.30 Uhr ab Wharf
7, Maritime Heritage Centre (Rückkehr
um 16 Uhr).

› Aufwändigere 5- bis 10-tägige Segel-
törns auf der detailgetreu nachgebauten
HMB Endeavour kann man über das Australian National Maritime Museum ③⑦
buchen (www.anmm.gov.au, Stichwort
„What's On/Vessels/Sail the Endeavour"). Einfache Fahrt ab 1500 $ als voll-
wertiges Crew-Mitglied oder ab 2500 $
als reiner Passagier.

Rugby, Cricket, Australian Football

Wer die **Volkssportarten** Rugby, Cricket oder Australian Football (Footie)
live miterleben möchte, kann bei den
Ticketek-Büros (s. S. 110) Karten
kaufen. Im Sommer sind die Stadien
Austragungsort für Cricketspiele, im
Winter für Footie und Rugby.

§184 [I] **ANZ Stadium,** Edwin Flack Av,
Sydney Olympic Park, www.anzstadium.
com.au

§185 [H7] **Sydney Cricket Ground (SCG)
& Sydney Football Stadium,** Driver Av,
Moore Park, www.sydneycricketground.
com.au

Fitness und Sport allgemein

Sydneys Strände bieten genug Möglichkeiten zum Fitnesstraining und zur
Erholung. Möchte man jedoch eine
Runde Tennis, Squash, Basketball
oder Golf spielen, Fahrrad fahren, Rei-
ten oder Inlineskaten, kann man all
dies in den **Centennial Parklands** und

Aussie Rules

„Aussie Rules" ist eine ganz und gar
australische **Sportart mit Vollkon-
takt,** die vor allem in Victoria hei-
misch ist, denn 10 der 17 Klubs der
Australian Football League kommen von dort, außerdem je zwei aus
Queensland, South Australia und
Western Australia sowie ein Klub aus
Sydney. Zwei Teams von je 18 Mann
rennen ohne besondere Schutzklei-
dung auf dem Feld mit zwei Toren, die
durch je zwei 6 m und zwei 3 m hohe
senkrechte Pfähle markiert werden,
hinter einem eiförmigen Ball her.
Den Ball dürfen sie nach bestimmten
Regeln **mit Fuß oder Hand** schießen
bzw. werfen sowie beim Rennen für
maximal 15 Meter in der Hand halten, bevor sie ihn wieder aufprellen
lassen. Die professionelle Australian Football League Grand Final ist
neben dem Super Bowl in den USA
die weltweit bestbesuchte Vereins-
meisterschaftsveranschaltung, die
seit Jahren rund 100.000 Zuschauer
ins Stadion lockt.

im angrenzenden **Moore Park** in Paddington tun, wo man das eventuell benötigte Equipment mieten kann.

● **186** [I] **Centennial Parklands,** Moore Park Rd, Paddington, www.centennialpark lands.com.au

Sprache

Britisches, amerikanisches, irisches, schottisches, walisisches, indisches Englisch, Singapur-Englisch, internationales Englisch – in Sydney verstehen die Australier im Großen und Ganzen alle Variationen der englischen Sprache, aber geantwortet wird von waschechten Australier in **australischem Englisch,** und das kann schon einmal zu Verwirrungen führen. Ein Einlesen in die Besonderheiten des australischen Dialekts bzw. des spezifisch australischen Wortschatzes ist daher auch für den Kurzurlauber sinnvoll. Dafür bieten sich z. B. die Bücher „Englisch für Australien" und „Australian Slang" aus der Reihe Kauderwelsch des REISE KNOW-HOW Verlags an.

Eine Liste mit hilfreichen Begriffen ist außerdem auf Seite 132 zu finden.

Stadttouren

Kostenlose Führungen gibt es täglich von **I'm Free Walking Tours.** Eine 2½- bis 3-stündige Führung ab Town Hall **㉑** (George St, zwischen Sydney Town Hall und St Andrew's Cathedral, tägl. 10.30/14.40 Uhr) und eine 1½-stündige Führung durch The Rocks (tägl. 18 Uhr, Cadman's Cottage, s. S. 18, Wasserseite). Die Guides erkennt man an ihren grünen Shirts (www.imfree.com.au/sydney).

Hafenrundfahrten

Es gibt verschiedene private Anbieter, die Hafenrundfahrten ab 39 $ oder sogenannte „Hop on Hop off"-Tickets inkl. Eintritt zu einer Sehenswürdigkeit (z. B. Taronga Zoo, Sea Life Aquarium, Sydney Tower Eye, Wild Life Zoo, Manly Sea Life Aquarium oder Madame Tussauds) ab 54 $ anbieten.

Es gibt natürlich auch *Cruises* zu Silvester, zum Sydney-to-Hobart-Jachtrennen, zum Australia Day oder auch zur Walbeobachtung.

● **187** [D4] **Captain Cook Cruises,** Pier 6, Circular Quay, auch King St Wharf, Darling Harbour, Tel. 92061111 oder 1800804843, www.captaincook. com.au

❯ **Eco Hopper,** u. a. von Darling Harbour, Circular Quay und Manly Wharf, Tel. 95831199, www.sydneyharbour ecohopper.com.au.

❯ Der Betreiber der **Manly Fast Ferry** bietet auf seinen modernen Katamaran-Fähren Hafenrundfahrten, auch zu speziellen Anlässen, an: Tel. 95831199, www. manlyfastferry.com.au.

❯ **Sydney Whale Watching,** Tel. 1800309672, www.sydneywhale watching.com, ab 64 $ für 4 Stunden. Walbeobachtungen.

● **188** [D4] **Matilda Cruises,** Pier 6, Circular Quay, auch Pier 26, Darling Harbour, Tel. 82705188, www.matilda. com.au

● **189** [C4] **Vagabond Cruises,** Eastern Pontoon, Circular Quay, auch King St Wharf 8, Darling Harbour, Tel. 1300862784 oder 96600388, www.vagabond.com. au, Kosten: ab 60 $. Im Angebot bei Vagabond Cruises sind 3- bis 3½-stündige Hafenrundfahrten mit Shows und Livemusik (es gib auch eine 6-stündige Silvester-Cruise ab 495 $), Walbeobachtungstouren (im Winter ab 94 $ für 4 Std.).

Fahrradtouren

●**190** [E2] **Bonza Bike Tours,** 30 Harrington St, The Rocks, Tel. 92478800, www. bonzabiketours.com, Kosten: ab 99 $. Bonza Bike Tours bieten vier Radführungen durch Sydney an. Zu empfehlen sind die „Sydney Classic Tour" (Mo., Mi., Fr., Sa. 10.30 Uhr, Dauer: 4 Std.) oder die „Manly Beach & Sunset Cruise" (Mo., Fr., Sa. um 15.15 Uhr, Dauer: 3,5–4 Std.).

Telefonieren

Um eine australische Telefonnummer ausfindig zu machen, kann man unter www.whitepages.com.au einen Blick ins **Telefonbuch** werfen. Man kann aber auch die Auskunft anrufen:
> **Nationale Auskunft** (National Directory Assistance): Tel. 1223
> **Internationale Auskunft** (International Directory Assistance): Tel. 1225

Das eigene **Mobiltelefon** lässt sich auch in Australien problemlos nutzen, allerdings geht dies wegen der Roaminggebühren ins Geld. Das gilt besonders für die Nutzung von Datenpaketen. Rechnungen mit vierstelligen Summen nach 14 Tagen Urlaub und 20 MB pro Tag sind keine Ausnahme! Diese Kosten kann man umgehen, wenn man sich auf SMS beschränkt (der Empfang ist i. d. R. kostenfrei) und per Email, Skype bzw. Facetime oder WhatsApp über eine kostenlose WLAN-Verbindung kommuniziert.

Falls das Mobiltelefon SIM-lock-frei ist und man innerhalb Australiens **viele Gespäche** führen muss, kann man sich auch eine **örtliche Prepaid-SIM-Karte** (Prepaid SIM only) besorgen. Die gibt es in *convenience stores,* bei der Post und im Supermarkt u. a. von Vodafone, Optus, Amaysim, Vir-

Vorwahlen

> für **Deutschland: Tel. 01149**
> für **Österreich: Tel. 01143**
> für die **Schweiz: Tel. 01141**
> für **Australien: Tel. 0061**
> für **Sydney: Tel. 02** (aus Australien) bzw. **Tel. 00612** (vom Ausland aus)

gin oder Telstra. Man hat dann jedoch eine andere Rufnummer.

Uhrzeit

Bei Anrufen von und nach Australien sollte man die **Zeitverschiebung** berücksichtigen: Sydney ist der Mitteleuropäischen Zeit von Anfang April bis Anfang Oktober 8 Std., von Anfang Oktober bis Ende Oktober und Ende März bis Anfang April 9 Std. und von Ende Oktober bis Ende März 10 Std. voraus.

Unterkunft

Sydney bietet Unterkünfte in allen Preisklassen. In diesem Abschnitt werden Hotels vorgestellt, deren Service und Lage besonders zu empfehlen sind und die nicht mehr als 160 € pro Nacht kosten. Teurere Hotels lassen sich bei Bedarf leicht finden.

Ist ein Hotel nicht vollständig ausgebucht, werden die Zimmer oft **im Internet preiswerter** angeboten als normal (vor allem in der Nebensaison). Schnäppchen findet man z. B. unter:
> www.booking.com, www.check-in.com. au. Für Hotels und Apartments.
> www.hostelbookers.com. Für Hostels und Backpackers-Unterkünften.
> www.wotif.com. Für Backpacker, Hotels und Apartments.

Preiskategorien

Die angegebenen Preiskategorien für Hotels beziehen sich auf die günstigsten Angebote für eine Nacht im Doppelzimmer außerhalb der Hochsaison und bei frühzeitiger Buchung.

Frühstück ist oftmals nicht inbegriffen. Dafür werden bei $$$-Hotels ca. 30 $ pro Zimmer zusätzlich berechnet.

$	70–140 $ (45–90 €)
$$	140–180 $ (90–115 €)
$$$	180–250 $ (115–160 €)

Ausgewählte Hotels

Im Zentrum (CBD)

191 [F6] **57 Hotel** $$$, 57 Foveaux St, Tel. 90115757, www.57hotel.com. au. **Schlicht und teilweise mit Aussicht:** wenige Fußminuten vom Bahnhof entfernt im untouristischen Surry Hills. Mit Fitnessbereich.

192 [E5] **APX World Square** $$–$$$, 2 Cunningham St, Tel. 92911900, www. apxhotelsapartments.com. **Ein Traum für Eltern:** Babysitterservice buchbar! 72 geräumige Apartments mit Küche, Zugang zum Schwimmbad und zu den Fitnessräumen inklusive.

193 [E6] **Great Southern Hotel** $$–$$$, 717 George St, Tel. 92894400, www.greatsouthernhotel.com.au. **Mit dem Charme der guten alten Zeiten:** 167 Zimmer in denkmalgeschütztem Gebäude.

194 [E5] **Metro Hotel on Pitt** $$–$$$, 300 Pitt St, Tel. 92838088 oder 1800766498, www.metrohotels.com. au. **Restaurierter Altbau mit modernen Annehmlichkeiten:** 115 Zimmer für bis zu drei Personen mitten in CBD.

195 [E5] **Pensione Hotel** $$$, 631–635 George St, Tel. 92658888 oder 1800885886, www.pensione.com. au. **Perfekt für 4-köpfige Familien:** mit praktischer Gemeinschaftsküche (68 Zimmer).

196 [E2] **Russell Hotel** $$$, 143a George St (Eingang in der Globe St, Ecke Nurse's Walk), The Rocks, Tel. 92413543, www. therussell.com.au. **Viktorianischer Charme:** Jedes der 29 Zimmer ist anders eingerichtet (mit/ohne Bad). Mit toller Dachterrasse.

197 [E2] **Sydney Harbour Bed & Breakfast** $$, 140–142 Cumberland St, The Rocks, Tel. 92471130, www.bbsydney harbour.com.au. **Denkmalgeschützt und charmant:** nur neun Zimmer, teils mit eigenem Bad. Auch Familienzimmer.

198 [D5] **The Glasgow Arms** $, 527 Harris St, Tel. 92112354, www.glasgowarms. com.au. **Zeitreise in die Ära der Pubhotels:** neun Zimmer schräg gegenüber dem Powerhouse Museum.

199 [F3] **Travelodge Phillip Street** $$, 165 Phillip St, Tel. 933565062 oder 138642, www.tfehotels.com. **Ideal für Selbstversorger:** 86 schlichte Zimmer (für max. drei Personen) mit praktischer Miniküche mit Mikrowelle und Wasserkocher, sodass man durchaus kleine Mahlzeiten zubereiten kann.

200 [D6] **Vulcan Hotel** $$–$$$, 500 Wattle St, Darling Harbour, Tel. 92113283, www.vulcanhotel.com.au. **Schlichte Eleganz für Familien:** 46 Zimmer (für bis zu vier Personen) mit kleiner Küche.

201 [F5] **Y Hotel Hyde Park** $$, 5–11 Wentworth Av, Tel. 92642451, www. yhotels.com.au. **Schlicht, aber preiswert:** 120 Zimmer für bis zu 4 Personen.

In stadtnahen Vororten

202 [F6] **Cambridge Hotel** $$$, 212 Riley St, Surry Hills, Tel. 92121111 oder 1800251901, www.cambridgehotel. com.au. **Toller Blick vom Balkon:** 149 Zimmer in modern-schlichtem Hotel, manche mit Balkon.

203 [H4] **Holiday Inn Potts Point** $$$, 203 Victoria St, Potts Point, Tel. 93684000 oder 08005565565, www.ihg.com. **Toller Ausblick aus den höheren Etagen:** 288 Zimmer und sieben Suiten mitten in Kings Cross.

204 [F5] **Hotel Stellar (Best Western)** $$$, 4 Wentworth Av, Darlinghurst, Tel. 92649754 oder 1800025575, www. hotelstellar.com. **Perfekt für Selbstversorger:** 38 Apartments für bis zu sechs Personen, alle mit Miniküche inkl. Mikrowelle und Kühlschrank.

205 [H4] **Macleay Hotel** $$$, 28 Macleay St, Potts Point, Tel. 93577755 oder 1800357775, www.themacleay.com. **Aussicht auf Hafen und City:** 80 einfache Apartments für ein bis drei Personen mit Miniküche. Schwimmbad und Barbecueanlage.

206 [H5] **Morgans Boutique Hotel** $$$, 304 Victoria St, Darlinghurst, Tel. 83543444. **Toller Blick von der Dachterrasse:** 27 Apartments mit Küche für bis zu drei Personen.

207 [H4] **Quest Potts Point** $$$, 15 Springfield Av, Potts Point, Tel. 89886999 oder 1800334033, www. questpottspoint.com.au. **Mit Dachterrasse zum Entspannen:** 68 komfortabel eingerichtete Apartments mit Miniküche. Von vielen Zimmern Aussicht auf die City.

208 [H4] **Regent's Court** $$$, 18 Springfield Av, Potts Point, Tel. 93312099, www.regentscourtsydney.com.au. **Nostalgie im Art-déco-Gebäude:** 25 bequeme, geräumige Apartments.

209 [F7] **Shakespeare Hotel** $, 200 Devonshire St, Surry Hills, Tel. 93196883, www.shakespearehotel. com.au. **Für Sparfüchse:** sieben Zimmer in einem klassischen Pubhotel. Jeden Tag gibt es im Untergeschoss eine 10-$-Mahlzeit.

210 [B5] **The Haven Glebe** $$, 196 Glebe Point Rd, Glebe, Tel. 96606655, www. havenhotel.com.au. **Fitness inklusive:** 54 komfortable, einfache Zimmer mit Wasserkocher und Minikühlschrank

(max. zwei Erwachsene und ein Kind unter 12 Jahren).

211 [G5] **The Kirketon** $$-$$$, 229 Darlinghurst Rd, Darlinghurst, www.kirketon. com.au, Tel. 93322011. **Edel-elegant und in bester Nightlife-Lage:** kleines Hotel mit nur 40 Zimmern am Rand von Kings Cross.

212 [F5] **Travelodge Sydney** $$$, 27 Wentworth Av, Darlinghurst, Tel. 93565062, www.tfehotels.com. **Inklusive Fitnesscenter:** 406 Zimmer mit Miniküche inkl. Mikrowelle und Kühlschrank sowie Schreibtisch.

In den Strandvororten

213 [IV] **Coogee Bay Hotel** $$-$$$, 9 Vicar St, Coogee, Tel. 96650000, www.coogeebayhotel.com.au. **Mit Meerblick:** Gutes Hotel der „alten Art", d. h. Pub, Hotel und Restaurant in einem. 74 Zimmer.

214 [IV] **Coogee Sands Hotel and Apartments** $$-$$$, 161 Dolphin St, Coogee,

047sy Abb.: eg

Jugendherberge
Ist man im Besitz eines **internationalen Jugendherbergsausweises** aus seinem Heimatland, schläft man auch in Sydneys Jugendherbergen (Youth Hostel Australia, www.yha.com.au) zum günstigeren Tarif, sonst muss man eine Tagesmitgliedschaft erwerben.
› **Deutschland:** www.jugendherberge.de
› **Österreich:** www.oejhv.or.at
› **Schweiz:** www.youthostel.ch

sche, ruhig gelegene Motelzimmer und 30 Apartments für 1 bis 5 Gäste.

218 [II] **Novotel Sydney Manly Pacific** $$$, 55 North Steyne Rd, www.novotel.com, Manly, Tel. 99777666. **Wellnesshotel direkt am Strand:** mit 214 Zimmern, Schwimmbad auf dem Dach, Sauna, Fitnessräumen und Whirlpool.

Jugendherbergen und Backpackers

Jugendherbergen stehen Gästen jeden Alters offen. Neben regulären Doppelzimmern gibt es in Jugendherbergen und „Backpackers" auch Schlafsäle mit 1 bis 12 Betten, wobei es bei den meisten sowohl reine Frauen- als auch reine Männer- und gemischte Schlafsäle gibt. Eine Übernachtung im Schlafsaal ist bis zu 30 % preiswerter, wenn man das Bett eine Woche lang anmietet. In den **Backpackers** findet man vorwiegend junge Menschen, denn oft sind dort nur Gäste von 18 bis 35 Jahren zugelassen.

Tel. 91990256, www.coogeesands.com.au. **Dachterrasse mit Barbecue-Anlage.** Angenehm ausgestattete Zimmer mit Miniküche, fast unmittelbar am Strand.

215 [IV] **Dive Hotel** $$$, 234 Arden St, Coogee , www.divehotel.com.au, Tel. 96655538. **Meerblick und persönlicher Touch:** ein wirklich hübsches Hotel mit toller Aussicht. 14 Zimmer, viele davon mit Miniküche.

216 [III] **Hotel Bondi** $$-$$$, 178 Cambell Pde, Bondi Beach, Tel. 91303271, www.hotelbondi.com.au. **Traditionsreich und am Strand gelegen:** 50 Zimmer mit Bad oberhalb einer der beliebtesten Kneipen vor Ort, auch 3- und 4-Bett-Zimmer.

› **The Steyne Hotel** $ (s. S. 75), Tel. 99774977, www.hotelsteyne.com.au. **Pubhotelklassiker:** 26 Zimmer, manche mit eigenem Bad, auch Familienzimmer.

217 [II] **Manly Paradise Beachfront Motel & Apartments** $$-$$$, Rezeption, 54 North Steyne, Manly, Tel. 99775799, www.manlyparadise.com.au. **Meerblick, Schwimmbad und Dachterasse:** 21 typi-

Das Hotel Bondi ist ein Klassiker unter Sydneys Unterkünften

Kleine Sprachhilfe Unterkunft

bathroom	Badezimmer		Manchmal stellen sie
bunk bed	Etagenbett		sogar Frühstück bereit.
dorm	Schlafsaal mit 2 bis	single	Zimmer für nur eine
	12 Betten (was man z. B.		Person
	12-share nennt)	shared	ein Gemeinschafts-
double	Zimmer mit Doppelbett	(facilities/	badezimmer auf dem
ensuite	Dusche, Toilette, Wasch-	bathroom)	Gang bzw. oft zwei,
	becken in einem kleinen		für Männer und Frauen
	Raum im Zimmer		getrennt
king size bed	Doppelbett	triple	Dreierzimmer
self-contained	für Selbstversorger aus-	twin	Zimmer mit zwei Ein-
	gestattet (Küche, Bad,		zelbetten, oftmals teu-
	Waschraum etc.)		rer als ein Zimmer mit
serviced	Apartments, die wie		Doppelbett
	Hotelsuiten ausgestat-	quadruple	Viererzimmer
	tet sind und auch täg-	queen size bed	französisches
	lich gereinigt werden.		Doppelbett

Im Zentrum

☎**219** [F6] **BIG Hostel** $, 212 Elizabeth St, Tel. 92816030 oder 1800212244, www.bighostel.com. **Barbecue auf begrünter Dachterrasse:** 25 Zimmer mit Bad (bis zu 6 Personen) sowie 12 Schlafsäle (4 bis 8 Etagenbetten, ab 32 $ pro Bett).

☎**220** [E6] **Railway Square YHA** $, 8–10 Lee St, Chinatown, Tel. 92819666, www.yha.com.au. **Wohnen in alten Zugwaggons oder im historischen Gebäude von 1904:** zehn DZ (zwei mit Bad), 54 Schlafsäle (vier bis acht Betten, ab 33 $/Bett) auf „Gleis Null" der Central Station.

☎**221** [E6] **Sydney Central YHA** $-$$, 11 Rawson Pl, Tel. 92189000, www.yha. com.au. **Preisgekrönt:** 54 DZ und 97 Schlafsäle (vier bis acht Betten, ab 35 $/Bett) direkt am Bahnhof mit und ohne Bad. Schwimmbad, Sauna, Gemeinschaftsküchen. Sauber und sicher.

☎**222** [E2] **Sydney Harbour YHA** $$, 110 Cumberland St, The Rocks, Tel. 82720900, www.yha.com.au. **Mit**

archäologischer Ausgrabungsstätte: 255 Zimmer mit umwerfender Aussicht von der Dachterrasse, 2- bis 6-Bett-Zimmer (ab 38 $ pro Bett), alle mit Bad.

In stadtnahen Vororten

☎**223** [B6] **Alishan International Guest House** $, 100 Glebe Point Rd, Glebe, Tel. 95664048, www.alishan.com.au. **Großzügig und familiär:** 19 Zimmer und kleine Schlafsäle (ab 35 $ pro Bett), 14 davon mit Bad.

☎**224** [H4] **Blue Parrot Backpackers** $, 87 Macleay St, Potts Point, Tel. 93564888, www.blueparrot.com.au. **Familiengeführte Backpacker-Unterkunft:** bei jungen Reisenden seit vielen Jahren gleichbleibend beliebt. 4-, 6-, und 10-Bett-Schlafsäle (ab 39 $ pro Bett). Keine Doppelzimmer. Nur für Gäste zwischen 18 und 35 Jahren.

☎**225** [H4] **Eva's Backpackers** $$, 6–8 Orwell St, Potts Point, www.evasback packers.com.au, Tel. 93582185 oder 1800802517. **Sauberer Familienbe-**

trieb mit Dachterrasse: 31 Zimmer und Schlafsäle (4 bis 10 Betten, ab 32 $ pro Bett), manche mit eigenem Bad.

226 [A5] **Glebe Point YHA** $, 262–264 Glebe Point Rd, Glebe, Tel. 96928418, www.yha.com.au. **Klein und gemütlich:** 4 EZ, 17 DZ und 28 Schlafsäle (3 bis 5 Betten, ab 27,50 $ pro Bett) mit Gemeinschaftsbad.

227 [A5] **Glebe Village Backpackers** $, 256 Glebe Point Rd, Glebe, Tel. 96608878 oder 1800801983, www. glebevillage.com. **Studentische Atmosphäre:** 13 DZ und Schlafsäle (4 bis 10 Betten, ab 25 $ pro Bett).

228 [H4] **The Jackaroo Hostel** $, 107–109 Darlinghurst Rd, Kings Cross, Tel. 93322244, www.jackaroohostel.com. **Von Travellern für Traveller:** Die Besitzer haben selbst die Welt bereist. 4- und 6-Bett-Schlafsäle mit Bad (ab 28 $ pro Bett), auch DZ mit Bad.

In den Strandvororten

229 [III] **Bondi Beachhouse YHA** $, Fletcher/Dellview St, Bondi Beach, Tel. 93652088, www.yha.com.au. **Für Junggebliebene:** 16 EZ, 11 DZ und acht Schlafsäle (vier bis sechs Betten, ab 27 $ pro Bett) mit Gemeinschaftsbad, mit Blick auf den Strand.

230 [IV] **Coogee Beach House** $, 171 Arden St, Coogee, Tel. 96651162, www. coogeebeachhouse.com. **Einfach und populär:** DZ und Schlafsäle (drei und sechs Betten, ab 32 $ pro Bett) mit Gemeinschaftsbad.

231 [II] **Manly Backpackers** $, 24–28 Raglan St, Manly, Tel. 99773411 oder 1800662500, www.manlybackpackers. com.au. **Pooltische und Barbecue:** 4- und 6-Bett-Schlafsäle (ab 30 $ pro Bett) sowie DZ, alle mit Gemeinschaftsbad.

232 [II] **Manly Guest House** $, 6 Steinton St, Manly, Tel. 99770884, www. manlyguesthouse.com.au. **Niedlich altmodisch:** Doppelzimmer und 3- bis

6-Bett-Zimmer (ab 35 $ pro Bett) mit Gemeinschaftsbad.

233 [III] **Surfside Bondi Beach** $, 35a Hall St, Bondi, Tel. 93654900, www. surfsidebackpackers.com.au. **Kostenlose Surfbretter und Schnorchelausrüstung:** Doppelzimmer und Schlafsäle (vier bis sechs Betten, ab 24 $ pro Bett) mit Gemeinschaftsbad.

234 [IV] **Surfside Coogee Beach** $, 186 Arden St, Coogee, Tel. 93157888, www. surfsidebackpackers.com.au. **Kostenlose Surf- und Schnorchelausrüstung:** 12 DZ, 3-Bett-Zimmer und Schlafsäle (vier bis acht Betten, ab 24 $ pro Bett) mit Gemeinschaftsbad.

Verkehrsmittel

Öffentlicher Nahverkehr

Sydney hat ein gut ausgebautes öffentliches Nahverkehrsnetz. Die zwei wichtigsten **Verkehrsknotenpunkte** sind **Circular Quay** ❽, wo fast alle Fährlinien ablegen, eine Sydney-Trains-Anbindung besteht und sich ein großer Busbahnhof befindet, und **Central Station** ㉘, wo fast alle Sydney-Trains-Linien und viele Buslinien halten.

Staatlich betrieben sind die Stadtbahn **Sydney Trains**, **Sydney Buses** und die Fähren von **Sydney Ferries**. Die Stadtbahn **Light Rail** wird privat betrieben, ist aber in das elektronische Fahrkartensystem Opal eingebunden. Im Oktober 2015 wurde mit den Bauarbeiten an der neuen Linie CBD and South East LightRail begonnen, die von Randwick und Kingsford

▷ *Mit den Bussen von Sydney Buses oder per Taxi kommt man sicher von einem Ort zum anderen* über Moore Park und Surry Hills zur Central Station und weiter über die George Street zum Circular Quay führen wird. Die endgültige Fertigstellung ist für 2018 geplant.

Informationen zum gesamten Verkehrsnetz und **Fahrplanauskünfte** erhält man bei Transport NSW (Tel. 131500, www.transportnsw.info).

Um herauszufinden, wie man von A nach B kommt, nutzt man am besten den **Trip Planner** der Transport-NSW-Website oder die App **Opal Travel** (kostenlos für iOS und Android). Man gibt dort seinen Standort und das gewünschte Ziel (z. B. den Namen einer Sehenswürdigkeit oder ihre Adresse) ein und bekommt dann die beste Route angezeigt.

Fahrkarten

Seit Januar 2016 gibt es als Papiertickets nur noch **Einzelfahrkarten** (gültig für Sydney Trains, Sydney Buses, Sydney Ferries und LightRail) und **Hin- und Rückfahrkarten** (gültig wie oben, aber nicht für die Busse). Wenn die Papierfahrkarte noch nicht mit Datum und Uhrzeit gestempelt wurde, steckt man sie in den Entwerter im Bus, in der LightRail oder an den Zugangsschranken der Fährenanleger. Einzelfahrscheine für Busse, Bahnen und Fähren bekommt man auch an den **Fahrkartenautomaten** an Bahnhöfen, Fähranlegern und größeren Busbahnhöfen.

❯ **MyBus Single/Single Nightride:** 2,40 $ (1–2 Zonen), 3,80 $ (3–5 Zonen), 4,70 $ (6+ Zonen)

❯ **MyTrain Single:** 4 $ (0–10 km) oder 4,80 $ (10–20 km). Es gibt noch drei Zonen, die aber für die im Buch beschriebenen Bereiche nicht wichtig sind.

❯ **MyFerry Single:** 6,20 $ (alle Sydney Ferries, außer nach Manly), 7,60 $ (Manly-Fähre)

048sy Abb.: eg

❯ Light Rail: 3,80 $ für Zone 1 (Central Station, Capitol Square, Paddy's Markets, Exhibition Centre, Convention) oder Zone 2 (alle anderen Haltestellen). 4,80 $ für beide Zonen. Hin- und Rückfahrkarten (5,20 $ und 6,40 $) sind etwas preiswerter als zwei Einzelfahrkarten.

Darüber hinaus gibt es die wiederaufladbare **Opal Card,** auf die man ein Guthaben auflädt. Der abgerechnete Tarif liegt mit ihr deutlich unter dem Einzelfahrscheinpreis. Es ist daher in jedem Fall empfehlenswert, sich eine Opal Card anzuschaffen, die man beim Ein- und Auschecken vor den Opal Card Reader hält (auf dem Display steht für gewöhnlich „tap on/off here") und von der dann automatisch der korrekte Fahrpreis abgerechnet wird.

Die Opal Card bekommt man u. a. in *convenience stores, newsagencys* (Zeitungs- und Zeitschriftenläden) oder bei folgenden *Transport Custo-*

mer Services Centres und *Transport Shops:*

- ●235 [E6] **Transport Customer Service Centre,** Central Station, Grand Concourse, Mo.–Sa. 6–20.30, So. 7–20.30 Uhr. Papiertickets gibt es nebenan beim Central Train Ticket Office.
- ❯ **Transport Customer Service Centre,** Circular Quay ❽ , Wharf 5 (Alfred St), und Transport Shop, vor McDonald's, Loftus St (Ecke Alfred St), beide Mo.–Fr. 7–19, Sa./So. 8.30–17 Uhr
- ❯ **Transport Shop,** Wynyard Station, Carrington-St-Eingang, Mo.–Fr. 7–19 Uhr
- ❯ **Transport Shop,** Queen Victoria Building❷⓿ , Eingang York St, Mo.–Fr. 7–19 Uhr
- ❯ **Transport Shop,** Railway Square, George St (Ecke Lee St), Mo.–Fr. 9–19 Uhr

Man kann die Opal Card auch vorher **online bestellen** (www.opal.com.au), sollte dies jedoch rechtzeitig tun, damit es mit dem Versand auch klappt. Der Vorteil einer **personalisierten Opal Card** ist, dass man sie automatisch aufladen lassen kann, z. B. durch die Kopplung an eine Kreditkarte, und dass man sie sperren lassen kann, wenn man sie verliert.

Achtung: Werktags zwischen 7 und 19 Uhr werden im CBD-Bereich keine Fahrkarten im Bus verkauft! In sogenannten **Prepay-Buslinien** werden generell keine Fahrkarten verkauft, man muss im Besitz einer Opal Card sein oder den korrekten Einzelfahrschein haben. Ansonsten gilt: Beim Ticketkauf im Bus muss man das Geld passend haben, Scheine werden nicht gewechselt!

Für die Sydney-Trains-Haltestellen **Domestic Airport** und **International Airport** (Haltestellen am Kingsford Smith Airport für die Terminals mit Inlandsflügen und internationalen Flügen) braucht man zusätzlich zum ei-

gentlichen Fahrschein einen sogenannten **GatePass,** ein **Ticket für den Bahnhofszugang,** den man nur durch das Scannen des Tickets an den Ticketschranken betreten bzw. verlassen kann. Man kann dieses Ticket am Schalter des Bahnhofs am Flughafen oder am Ticketschalter oder Automaten jedes Sydney-Trains-Bahnhofs kaufen. Preis: 13 $ für den einfachen oder 26 $ für den Zugang bei Ankunft und Abflug.

Taxi

Für eine Fahrt innerhalb der City, z. B. von Paddington nach Glebe oder von der City nach North Sydney zahlt man 15 bis 25 $, von der City nach Manly 40 bis 60 $. Es ist üblich, ca. 10 % Trinkgeld zu geben. Taxis kann man **heranwinken, telefonisch** oder mit der **App** der jeweiligen Taxigesellschaft bestellen.

- ❯ **Taxis Combined,** Tel. 133300, www.taxiscombined.com.au
- ❯ **mTAXI:** Mit dieser App kann man ein Taxi buchen oder einen Taxistand in Sydney suchen (kostenlos für iOS und Android).
- ❯ **Manly Warringah Cabs** (für Manly), Tel. 131668, www.manlycabs.com.au

Wassertaxi

Wassertaxistände findet man an **Circular Quay East** und **Darling Harbour** oder man bestellt sie telefonisch an eine andere Anlegestelle. Man zahlt pro Person plus einen Grundpreis, der abhängig von Ausgangs- und Zielpunkt ist (z. B. 99 $ von Circular Quay zum Taronga Zoo für 2 Personen, 119 $ für 6 Personen).

- ❯ **Water Taxis Combined,** Tel. 95558888, www.watertaxis.com.au
- ❯ **Yellow Water Taxis,** Tel. 1300138840, www.yellowwatertaxis.com.au

Versicherungen

Egal welche Versicherungen man abschließt: Man sollte die **Notfallnummern notieren** und mit der Nummer der Police gut aufheben! Bei Eintreten eines Notfalls muss die Versicherungsgesellschaft sofort **verständigt** werden! Dies gilt auch bei einem Schadensfall im Urlaub, der durch die reguläre Haftpflicht-/Unfallversicherung daheim abgedeckt wird, wenn man den Schaden direkt vom Urlaubsort meldet.

Der Abschluss einer **Jahresversicherung** ist in der Regel kostengünstiger als mehrere Einzelversicherungen. Günstiger ist auch die **Versicherung als Familie** statt als Einzelpersonen. Hier sollte man nur die Definition von „Familie" genau prüfen. Grundsätzlich gilt überdies, dass Versicherungspakete oft teuer sind und Versicherungen enthalten, die man nie benötigt. Man sollte aber in jedem Fall existenzielle Risiken absichern und eine Auslandskrankenversicherung abschließen.

Auslandskrankenversicherung

Die Kosten für eine ärztliche Behandlung in Australien werden **von den gesetzlichen Krankenversicherungen** in Deutschland und Österreich **nicht übernommen**, daher ist der Abschluss einer privaten Auslandskrankenversicherung unverzichtbar. Schweizer sollten bei ihrer Krankenversicherung nachfragen, ob die vollständige Auslandsdeckung auch für Australien gilt.

Jahresverträge bieten sich insbesondere an, wenn man häufig spontan ins Ausland fährt. Hier sollte man jedoch darauf achten, dass der Versicherungsschutz meist nur für eine bestimmte Anzahl von Tagen pro Reise gilt.

Zur **Erstattung der Kosten** benötigt man grundsätzlich **Quittungen** (mit Datum, Namen, Bericht über Art und Umfang der Behandlung, Kosten der Behandlung und Medikamente).

Andere Versicherungen

Ob es sich lohnt, eine Reiserücktrittsversicherung, Reisegepäckversicherung oder Reiseunfallversicherung abzuschließen, ist individuell abzuklären. Gerade diese Versicherungen enthalten **viele Ausschlussklauseln,** sodass sie nicht immer Sinn machen.

Die **Reisegepäckversicherung** lohnt sich seltener, da z.B. bei Flugreisen verlorenes Gepäck **oft nur nach Kilopreis** und auch sonst nur der Zeitwert nach Vorlage der Rechnung ersetzt wird. Wurde eine Wertsache nicht im Safe aufbewahrt, gibt es bei Diebstahl auch keinen Ersatz. Die Liste der Ausschlussgründe ist endlos. Überdies deckt häufig auch die **Hausratsversicherung** Raub und Beschädigung von Eigentum auch im Ausland. Für den Fall, dass etwas passiert ist, muss der Versicherung als Schadensnachweis ein **Polizeiprotokoll** vorgelegt werden.

Eine **Privathaftpflichtversicherung** hat man in der Regel schon. Bei einer **Unfallversicherung** sollte man prüfen, ob diese im Falle plötzlicher Arbeitsunfähigkeit aufgrund eines Unfalls im Urlaub zahlt.

Wetter und Reisezeit

Da sich Sydney auf der südlichen Hälfte des Erdballs befindet, sind die **Jahreszeiten** dort **genau entgegengesetzt** zu denen in Europa. D. h., wenn bei uns Frühling herrscht, ist in Australien Herbst, ist bei uns Sommer, ist dort Winter.

Die schönste Jahreszeit in Sydney ist der **Frühling** von September bis November mit durchschnittlichen Tageshöchsttemperaturen von 20 bis 24 °C! Dann blühen die Wildblumen und exotische Eukalyptusarten.

Von Dezember bis Februar ist **Sommer** mit einer durchschnittlichen Tageshöchsttemperatur von 25 bis 26 °C und einer Tiefsttemperatur um 18 °C. Auch wenn das Thermometer mal auf 45 °C ansteigt, lässt sich das an der Küste gut aushalten, denn es weht fast immer eine feuchte Meeresbrise. Regen gibt es an etwa elf Tagen im Monat. Für den passionierten Surfer sind die Sommermonate von November bis März mit Wassertemperaturen um 22 °C die beste Zeit des Jahres! Dezember bis Februar ist jedoch auch die **Hauptreisezeit der Australier** und somit sind Hotels schnell belegt und die Preise deutlich teurer. Das kann aber auch zu den Osterferien in der zweiten Aprilhälfte, in den Winterferien im Juli und in den Frühlingsferien Ende September bis Mitte Oktober vorkommen.

Der **Herbst** von März bis Mai ist mit einer durchschnittlichen Tageshöchsttemperatur von 19 bis 23 °C ebenso schön wie der australische Frühling, allerdings sind die Wassertemperaturen wärmer. Die Banksias blühen.

Selbst im **Winter** von Juni bis August herrschen in Sydney noch immer durchschnittliche Tageshöchsttemperaturen von 16 bis 18 °C und es regnet im Durchschnitt nur rund zehn Tage monatlich. Zum Surfen ist es vielleicht etwas ungemütlich, aber mit Wassertemperaturen von 15 bis 18 °C zum Tauchen geeignet!

Bekleidung

Von Oktober bis Mai heißt es „Hut auf"! Die **Sonnenstrahlen sind aggressiv** in Australien: Hautkrebsgefahr! Abgesehen davon sollte man sich vor einem Sonnenstich oder einem schmerzhaften Sonnenbrand schützen! Ebenso wichtig ist eine **Sonnenbrille** mit gutem UV-Filter, denn die Augen zusammenzukneifen, um sich gegen die gleißende Sonne zu schützen, führt sonst leicht zu Kopfschmerzen.

Wenn es in Sydney regnet, nutzt man am besten einen **Regenschirm,** denn bei dem schwülen Klima ist eine Regenjacke eher unangenehm. Von Mai bis Oktober ist eine atmungsaktive, wasserabweisende **Windjacke** zum Schutz gegen die auskühlende Meeresbrise ideal. Von Juni bis Ende September gehört auch ein **Pullover** für die Abendstunden ins Gepäck.

Durchschnitt	**Wetter in Sydney**											
Maximale Temperatur	27°	27°	25°	23°	20°	17°	17°	18°	20°	23°	24°	26°
Minimale Temperatur	18°	18°	17°	14°	10°	8°	7°	8°	10°	13°	15°	17°
Regentage	12	12	13	11	11	11	9	9	9	11	11	11
Wassertemperatur	23°	24°	23°	20°	18°	18°	16°	17°	18°	19°	19°	21°
	Jan	Febr	März	Apr	Mai	Juni	Juli	Aug	Sept	Okt	Nov	Dez

ANHANG

Kleine Sprachhilfe

Die folgenden Wörter und Redewendungen wurden dem Reisesprachführer „Englisch für Australien – Wort für Wort" (Kauderwelsch-Band 150) aus dem REISE KNOW-HOW Verlag entnommen.

Häufig gebrauchte Wörter und Redewendungen

Zahlen

1	(wan)	one
2	(tu)	two
3	(ðriej)	three
4	(fo'e)	four
5	(fajv)	five
6	(ßikß)	six
7	(ßäwen)	seven
8	(ajt)	eight
9	(najn)	nine
10	(tän)	ten
11	(ejläven)	eleven
12	(twälv)	twelve
13	(ðöötiejn)	thirteen
14	(fotiejn)	fourteen
15	(fiftiejn)	fifteen
16	(ßikßtiejn)	sixteen
17	(ßäwentiejn)	seventeen
18	(ajtiejn)	eighteen
19	(najntiejn)	nineteen
20	(twäntiej)	twenty
30	(ðöötiej)	thirty
40	(fotiej)	forty
50	(fiftiej)	fifty
60	(ßikßtiej)	sixty
70	(ßäwentiej)	seventy
80	(ajtiej)	eighty
90	(najntiej)	ninety
100	(handred)	hundred

Die wichtigsten Zeitangaben

yesterday	(jäßtedäj)	gestern
today	(tedäj)	heute
tomorrow	(temorrou)	morgen
last week	(laaßt wiejk)	letzte Woche
every day	(ävriej daj)	täglich
am	(äjäm)	Vormittag
pm	(piejäm)	Nachmittag/ Abend
arvo	(aavou)	Nachmittag
next	(näkßt)	nächste/r
before	(biefo'e)	vor
after	(aafte)	nach
early	(öhrliej)	früh
late	(lajt)	spät
on time	(on tajm)	pünktlich
now	(nau)	jetzt
in a sec	(ine ßäk)	bald
never	(näve)	nie
Sunday	(ßanndäi)	Sonntag
Monday	(manndäi)	Montag
Tuesday	(tjuhsdäi)	Dienstag
Wednesday	(wännsdäi)	Mittwoch
Thursday	(ðöörsdäi)	Donnerstag
Friday	(freidäi)	Freitag
Saturday	(ßättèrdäi)	Samstag

Die wichtigsten Fragewörter

who?	(huh)	wer?
what?	(wot)	was?
where?	(wä'e)	wo?/wohin?
why?	(waj)	warum?
how?	(hau)	wie?
how much?	(hau matsch)	wie viel? (Menge)
how many?	(hau männih)	wie viele? (Anzahl)
when?	(wänn)	wann?
how long?	(hau long)	wie lange?

Die wichtigsten Richtungsangaben

on the right	(on ðe rajt)	rechts
on the left	(on ðe läft)	links
to the right	(te ðe rajt)	nach rechts
to the left	(te ðe läft)	nach links

◁ *Vorseite: Ein müder Koala im Wild Life Zoo* **36**

turn right	(töön rajt)	rechts abbiegen	there	(ðä'e)	dort
			up there	(ap ðä'e)	da oben
turn left	(töön läft)	links abbiegen	down there	(daun ðä'e)	da unten
straight	(ßtrajt)	geradeaus	nearby	(nie'ebaj)	nah,
in front of	(in frantof)	gegenüber			in der Nähe
outside	(audßajd)	außerhalb	far away	(faa ewaj)	weit weg
inside	(inßajd)	innerhalb	round	(raund ðe	um die Ecke
here	(hie'e)	hier	the corner	kohrnè)	

Die wichtigsten Floskeln und Redewendungen

yes	jäß	ja
no/nah	nou/nah	nein
thank you/ta	ðänk_juh/taa	danke
please	pliejs	bitte
Good morning!	gud morning	Guten Morgen!
'day!	gdäj	Guten Tag!
Hi!	haj	Hallo!
How are you?	hauarje	Wie geht es Ihnen/dir?
Yeah alright, thanks.	jä'e owrajt ðängkß	Danke gut.
Bye!	baj	Auf Wiedersehen!
Have a nice day!	häv'e najß daj	Einen schönen Tag!
I don't know.	aj dounnou	Ich weiß nicht.
Okay.	oukäj	Okay.
I'd like to pay, please!	ajd lajk te päj pliejs	Die Rechnung, bitte!
Congratulations!	kongrätjulajschenß	Glückwunsch!
Excuse me!	ekßkjuhs miej	Entschuldigung!
I'm sorry.	ajm ßoriej	Tut mir Leid!
No worries!	no wöriejs	Kein Problem!
Bummer!	bamme	Schade!

Die wichtigsten Fragen

Is there a/an ... ?	(is ðä e/ðären ...)	Gibt es ...?
Do you have ... ?	(duh juh häv ...)	Haben Sie ...?
Where is/are ... ?	(wä'es/wää ...)	Wo ist/sind ... ?
Where can I ... ?	(wää känaj)	Wo kann ich ... ?
How much is it?	(hau matsch isid)	Wie viel kostet das?
What time?	(wot tajm)	Um wie viel Uhr?
Could you help me , please?	(kudje hälp miej pliejs)	Können Sie mir helfen?
Is there a bus to ... ?	(is ðä'e baß te ...)	Gibt es einen Bus nach ...?
Could you pass me ...?	(kudju paaß miej)	Könnten Sie mir ... geben?
What's your name?	(wotßje najm)	Wie heißt du/heißen Sie?
How old are you?	(hau ould aaje)	Wie alt bist du/sind Sie?
Where are you from?	(wääje fromm)	Woher kommen Sie?
Excuse me?	(ekßkjuhs miej)	Wie bitte?

AusspracheTrainers auf PC oder Smartphone lernen (siehe Umschlag hinten) +++

Nichts verstanden? – Weiterlernen!

My English is no good.	(maj ing'glisch is no gud)	Ich spreche nicht gut Englisch.
Pardon me?	(paaden miej?)	Wie bitte?
I didn't catch that.	(aj didnt kätsch ðät)	Ich habe das nicht verstanden.
Do you speak German?	(djuh spiejk dschömen?)	Sprechen Sie Deutsch?
How do you say that in English?	(hau djuh säj ðäd in in'glisch?)	Wie heißt das auf Englisch?
What does it mean?	(wodt dasid miejn?)	Was bedeutet das?
How do you say this word?	(hau djuh ßaj ðiß wööd?)	Wie spricht man dieses Wort aus?
What was that?	(wot wosät?)	Wiederholen Sie bitte! / Wie bitte?
Could you please write it down?	(kud juh plies rajdit daun?)	Könnten Sie das bitte aufschreiben?

Weitere australische Begriffe

ANZAC	Australian New Zealand Army Corps, auch: Haferkekse	*No worries!*	Keine Ursache!
Aussie	australisch, Australier	*pastie*	herzhaftes halbrundes Teilchen mit Fleisch-/Gemüsefüllung
baby capsule	Kindersitz im Taxi	*pav(lova)*	Nachtisch mit Baiser und Früchten
bangers and mash	Bratwurst und Kartoffelpüree	*porterhouse*	dickes T-Bone-Steak
barbie	Grill	*peperoni*	scharf gewürzte Salami
barramundi	einheim. Flussfischart	*pie*	herzhafter gedeckter Kuchen mit Fleisch-/Gemüsefüllung
bickie	Keks		
brekkie	Frühstück		
chips	Pommes frites	*raisin toast*	getoastetes Rosinenbrot
chocolates	Pralinen	*scone*	Gebäck, das man mit Konfitüre und Sahne isst
convenience store	Minisupermarkt		
corkage	Gebühr zum Entkorken einer mitgebrachten Flasche Wein in Restaurants	*scotch fillet*	Filet (Fleisch)
		stew	Gulasch
		surf 'n' turf	Steak und Krabben
		ta.	Danke.
		tea	Tee, Abendessen
damper	Brot aus Mehl, Salz und Wasser	*thongs*	Badelatschen
		tucker	Essen
decaf	entkoffeinierter Kaffee	*Vegemite*	ein Hefeaufstrich für auf Toast
G'day!	Guten Tag!		
hotel	Kneipe, Restaurant und Hotel	*wedges*	frittierte Kartoffelspalten
lollies	Süßigkeiten	*wheelchair access*	rohlstuhlgerechter Zugang
maxi cab	Großraumtaxi		

Register

Die Autorin

Elfi H. M. Gilissen, Jahrgang 1969, wuchs mit verschiendenen Kulturen auf: flandrische Mutter, Limburger Vater, ein halbes Leben am Niederrhein, ein Schüleraustauschjahr in den USA, ein Studienjahr in China, seit 2000 zurück in den Niederlanden mit zweijähriger Unterbrechung in South Australia und jährlichen Recherchereisen auf dem Fünften Kontinent. Die Metropole Sydney begeistert sie seit ihrem ersten Besuch Ende 2000.

Weitere Titel der Autorin im REISE KNOW-HOW Verlag sind „KulturSchock Australien", „Australien: Auswanderer-Handbuch", „Australiens Outback und Busch entdecken", „Australian Slang – English Down Under", „Englisch für Australien – Wort für Wort", „Flämisch – Wort für Wort", „Amerikanisch – Wort für Wort", „Niederländisch Slang", das auf Englisch verfasste „German Slang" und der CityGuide „Sydney und seine Nationalparks".

Schreiben Sie uns

Dieses Buch ist gespickt mit Adressen, Preisen, Tipps und Daten. Unsere Autoren recherchieren unentwegt und erstellen alle zwei Jahre eine komplette Aktualisierung, aber auf die Mithilfe von Reisenden können sie nicht verzichten. Darum: Teilen Sie uns bitte mit, was sich geändert hat oder was Sie neu entdeckt haben. Gut verwertbare Informationen belohnt der Verlag mit einem Sprachführer Ihrer Wahl aus der Reihe „Kauderwelsch".

Kommentare übermitteln Sie am einfachsten, indem Sie die Web-App zum Buch aufrufen (siehe Umschlag hinten) und die Kommentarfunktion bei den einzelnen auf der Karte angezeigten Örtlichkeiten oder den Link zu generellen Kommentaren nutzen. Wenn sich Ihre Informationen auf eine konkrete Stelle im Buch beziehen, würde die Seitenangabe uns die Arbeit sehr erleichtern. Unsere Kontaktdaten entnehmen Sie bitte dem Impressum.

Impressum

Elfi H. M. Gilissen

CityTrip Sydney

© REISE KNOW-HOW Verlag
    Peter Rump GmbH 2012
**2., neu bearbeitete und
    komplett aktualisierte Auflage 2016**

Alle Rechte vorbehalten.

ISBN 978-3-8317-2763-6
PRINTED IN GERMANY

Druck und Bindung:
    Media-Print, Paderborn

Herausgeber: Klaus Werner
Layout: amundo media GmbH (Umschlag, Inhalt),
    Peter Rump (Umschlag)
Lektorat: amundo media GmbH
Karten: Ingenieurbüro B. Spachmüller,
    amundo media GmbH
Anzeigenvertrieb: KV Kommunalverlag GmbH &
    Co. KG, Alte Landstraße 23, 85521 Ottobrunn,
    Tel. 089 928096-0, info@kommunal-verlag.de
Kontakt: Osnabrücker Str. 79, 33649 Bielefeld,
    info@reise-know-how.de

Alle Angaben in diesem Buch sind gewissenhaft geprüft. Preise, Öffnungszeiten usw. können sich jedoch schnell ändern. Für eventuelle Fehler übernehmen Verlag wie Autorin keine Haftung.

Bildnachweis

Umschlagvorderseite: dreamstime.com©Mrallen | Umschlagklappe rechts: fotolia.com©Dean Miller
Soweit ihre Namen nicht vollständig am Bild vermerkt sind, stehen die Kürzel an den Abbildungen für die folgenden
Fotografen, Firmen und Einrichtungen. Elfi H. M. Gilissen: eg | Jeremy Nelson: jn | fotolia.com: fo | dreamstime.com: dt

Legende der Karteneinträge

Hier nicht aufgeführte Nummern liegen außerhalb der abgebildeten Karten. Ihre Lage kann aber wie die von allen Ortsmarken im Buch mithilfe der Web-App angezeigt werden (s. S. 144).

Abkürzungen

> Av = Avenue
> NSW = New South Wales (der Bundesstaat, in dem sich Sydney befindet)
> Pde = Parade (Boulevard)
> Pl = Place (Platz)
> Rd = Road (Straße)
> Sq = Square (Platz)
> St = Street (Straße)
> Ln = Lane (Gasse)

Zeichenerklärung

❶	Sehenswürdigkeit
✚ ✚	Arzt, Apotheke, Krankenhaus
☀	Aussichtspunkt
❶	Bar, Bistro, Klub, Treffpunkt
▣	Bibliothek
▲	Buddhistischer Tempel
◉	Kneipe, Biergarten
◉	Café
⌂	Denkmal
⛴	Fähre
◉	Fischrestaurant
▣	Galerie
▲	Geschäft, Kaufhaus, Markt
⊞	Hotel, Unterkunft
◉	Imbiss
❶	Informationsstelle
◉	Jugendherberge, Backpacker
▣	Kino
⇨	Kirche
▥	Museum
◉	Musikszene, Disco
⌇	Meeresfreibad
▣	Pension
⊠	Postamt
➤	Polizei
◉	Restaurant
★	Sehenswürdigkeit
≋	Schwimmbad
•	Sonstiges
▣	Sporteinrichtung
▣	Tauchen
◉ ☞	Theater
◉	vegetarisches Restaurant
ⓢⓣ	Sydney Trains
Ⓛ	Light Rail
▬▬	Stadtspaziergang (s. S. 13)
▭	Shoppingareale
▭	Gastro- und Nightlife-Areale

Sydney mit PC, Smartphone & Co.

QR-Code auf dem Umschlag scannen oder **www.reise-know-how.de/citytrip/sydney16** eingeben und die **kostenlose Web-App** aufrufen (Internetverbindung zur Nutzung nötig)!

★Anzeige der Lage und Satellitenansicht aller beschriebenen Sehenswürdigkeiten und weiterer Orte
★Routenführung vom aktuellen Standort zum gewünschten Ziel
★Exakter Verlauf des empfohlenen Stadtspaziergangs
★Audiotrainer der wichtigsten Wörter und Redewendungen
★Updates nach Redaktionsschluss

GPS-Daten zum Download
Auf der Produktseite dieses Titels unter www.reise-know-how.de stehen die GPS Daten aller Ortsmarken als KML-Dateien zum Download zur Verfügung.

Stadtplan für mobile Geräte
Um den Stadtplan auf Smartphones und Tablets nutzen zu können, empfehlen wir die App „PDF Maps" der Firma Avenza™. Der Stadtplan wird aus der App heraus geladen und kann dann mit vielen Zusatzfunktionen genutzt werden.

Die Web-App und der Zugriff auf diese über QR-Codes sind eine freiwillige, kostenlose Zusatzleistung des Verlages. Der Verlag behält sich vor, die Bereitstellung des Angebotes und die Möglichkeit der Nutzung zeitlich und inhaltlich zu beschränken. Der Verlag übernimmt keine Garantie für das Funktionieren der Seiten und keine Haftung für Schäden, die aus dem Gebrauch der Seiten resultieren. Es besteht ferner kein Anspruch auf eine unbefristete Bereitstellung der Seiten.